徐彦红 著

大学青年教师专业发展影响因素研究

RESEARCH ON INFLUENCING FACTORS OF
UNIVERSITY JUNIOR FACULTY'S
PROFESSIONAL DEVELOPMENT

首都经济贸易大学出版社
·北京·

图书在版编目(CIP)数据

大学青年教师专业发展影响因素研究/徐彦红著. -- 北京:首都经济贸易大学出版社,2018.11

ISBN 978 - 7 - 5638 - 2894 - 4

Ⅰ.①大… Ⅱ.①徐… Ⅲ.①高等学校—青年教师—师资—培养—研究—中国 Ⅳ.①G645.12

中国版本图书馆 CIP 数据核字(2018)第 256424 号

大学青年教师专业发展影响因素研究

徐彦红 著

责任编辑	小 尘	
封面设计	小 尘	
出版发行	首都经济贸易大学出版社	
地 址	北京市朝阳区红庙 (邮编 100026)	
电 话	(010)65976483 65065761 65071505(传真)	
网 址	http://www.sjmcb.com	
E - mail	publish@cueb.edu.cn	
经 销	全国新华书店	
照 排	北京砚祥志远激光照排技术有限公司	
印 刷	北京玺诚印务有限公司	
开 本	710 毫米×1000 毫米 1/16	
字 数	194 千字	
印 张	11	
版 次	2018 年 11 月第 1 版 2019 年 6 月第 1 版第 2 次印刷	
书 号	ISBN 978 - 7 - 5638 - 2894 - 4/G·428	
定 价	42.00 元	

序

徐彦红的专著《大学青年教师专业发展影响因素研究》就要出版了,这是她结合自身在高校工作的体验,在攻读博士学位期间潜心研究的成果。这本专著,不但对青年教师的专业发展有重要的参考价值,而且对劳动经济学的学科发展和研究对象也有创新性探索。

大学青年教师是大学教师队伍中的主体,大学青年教师的成长和发展对于高等教育的发展乃至整个社会的进步具有重要的意义。关注大学青年教师专业发展的影响因素,要从彦红同学的论文选题说起。

就业是劳动经济学关注的重点问题,学界曾对就业问题展开了广泛的研究,特别是就业率和就业水平,其主要依据是统计数据。但在统计上,就业只是一个时点数,找到工作就算就业了,对劳动者就业后的劳动过程、劳动过程相关环境问题、劳动者的全面发展问题则关注不够,这不能不说是劳动经济学学科的一大缺憾。因此,我就为我的博士生开设了一门探索性课程,专门研究劳动者的从业问题,并以从业生态作为研究的新视角。我们的课程对从业生态的基本内涵、主要内容进行了探索,取得了共识:关注劳动者的从业生态,就是将对就业问题的研究视角从对就业数量的关注转变到对就业质量的关注。所谓从业生态,是指从业者在特定环境下的生存和发展状况。除此之外,我的博士们还分别选定了不同职业劳动者的从业生态作为他们博士论文的选题以展开进一步深入、具体的研究。

彦红同学在从业生态研究的课堂上,与其他博士一起进行积极探索,特别是对生物生态系统理论进行了全面系统的学习,融入自己的深入思考,提出了借鉴的思路。受该探索性课程的启发,彦红将博士论文研究选题确定在对大学青年教师的从业生态研究上,并将研究主题聚焦在影响大学青年教师专业发展的因素上,以此作为研究大学青年教师从业生态的逻辑起点。彦红在对大学青年教师专业发展问题的研究中,以青年教师为从业主体,研究了其从业的学校环境、社会环境客体以及主客体间的复杂联系,从多元视角建立起了大学青年教师专业发展影响因素问题研究的综合性框架。

彦红同学在其博士论文的写作过程中,系统梳理了国内外关于教师发展及其影响因素研究的成果,界定了教师专业发展的概念和内涵。对教师专业发展内涵的研究解决了"什么是大学教师专业发展"的问题,对大学教师专业发展结构的研究解决了"发展什么"的问题,对教师发展阶段的研究解决了怎样发展的问题,从而对大学教师专业发展的阶段特征进行了深入探索。

我曾将大学的宗旨凝练为"释放教师职业潜能、滋养学生创新潜质"两句话。对大学青年教师专业发展影响因素的研究,将更加有利于探索"释放教师职业潜能"这个功能的实现,从而提升大学青年教师的教学能力,促进大学青年教师的职业生涯发展。

我一直关心大学青年教师的成长和发展。在《不能像打造"明星"一样打造个别"名师"》一文中,我曾谈过:大学教师是大学的宝贵资源,高校青年教师又是教师群体中特殊的从业主体,他们的从业生态既与自身素质和价值追求以及从业的自觉性、主动性相关,又与其供职高校的组织制度、运行机制、领导魅力、管理风格、校园文化,以及包括与学生、教师、管理者在内的其他相关从业主体关系构成的从业环境密切相关。青年教师的从业生态还和高校之外的文化氛围、社会组织、政府角色、政策法规及其他职业的比较发展前景、比较利益、比较社会地位等因素相关。

彦红同学在其研究中,借鉴生物生态系统理论的研究方法,将大学青年教师专业发展影响因素归纳为社会环境、工作场所和个体三个层面,从外而内地逐层深入分析影响青年教师专业发展的因素,呈现各影响因素对青年教师专业发展的作用。更难能可贵的是,她能够通过实证调查的方法,对影响青年教师专业发展因素的作用程度进行精准的研究,并发现了不同职称、年龄以及收入群体之间的专业发展满意度差异。其研究独辟蹊径,将青年教师进行分类研究,发现了随着教师资历的提升,社会环境、工作场所和个体层面因素的不同作用程度,并提出年龄在36~40岁的讲师助教群体应是大学重点关注的青年教师群体。

彦红同学在繁重的行政工作之中克服了大量困难,高标准严格要求自己,理论上深入思考,实证上规范细致,论证上逻辑严谨,博士论文获得了答辩专家的高度评价。论文通过后,又进行了进一步的补充和完善,形成专著出版。感谢彦红同学将我的"从业生态研究"的设想付诸行动,深入探索并取得了成功。相信从业生态研究的深化一定会丰富劳动经济学的学科内容。

高校青年教师身系科教兴国大业,承担着高级专门人才的培养重任。在促进青年教师的健康成长、培养大量的优秀教师方面,我一直以为,政策固然重要,营造有利于青年教师生存和发展乃至脱颖而出的环境更为重要。促进青年教师的事业和专业发展,要不断激活包括教师和学生在内的学校办学的内在动力,促使大学真正成为青年教师发展的精神家园。我相信,这部著作会在为青年教师的成长营造良好的从业生态环境上使我们得到有益的启示。

　　是为序。

文魁

2018 年 2 月于北京

前　　言

伴随着高等教育大众化的发展,高校师资队伍出现了"青年教师峰值"。2015年,普通高等学校专任教师中 40 岁以下青年教师 87.87 万人,占专任教师总数的 55.88%。大学青年教师是教学和科研工作的主要力量,其专业发展关系到高校人才培养质量的提升,关系到高等教育的发展,甚至关系到整个社会的发展。如何促进大学青年教师的专业发展,是高校人力资源开发面临的一个重要课题,而探究大学青年教师专业发展的影响因素是促进其专业发展的重要前提和依据。

本书的核心是对大学青年教师专业发展的影响因素进行系统和精准的研究,研究的主要内容包括大学青年教师专业发展影响因素及其结构的理论分析、影响因素测度指标体系的构建、影响因素模型的构建与验证、大学青年教师分群体的影响因素特点分析等。在此基础上,探讨促进大学青年教师专业发展的政策建议。

本书主要由以下三部分构成。

第一部分为理论分析,包括第 1 章到第 3 章,为全书研究做好了准备和理论铺垫。第 1 章引言,主要从研究背景、研究意义、研究内容、研究方法等方面,阐明本研究的研究思路。第 2 章为理论基础和文献综述,以大学教师专业发展理论为基础,对国内外大学教师专业发展及影响因素进行了较为广泛的文献研究。本书借鉴现有研究成果,针对现有研究中存在的综合视角少、对影响因素的量化研究不足等问题,开展了相关研究。第 3 章为大学青年教师专业发展影响因素及其结构的理论分析。本章以大学青年教师专业发展的特点研究为起点,借鉴生物生态系统理论的研究框架,将大学青年教师专业发展影响因素归纳为社会环境、工作场所和个体三个层面,从外而内地逐层深入分析影响青年教师专业发展的因素,呈现各影响因素对青年教师发展的作用。

第二部分为模型构建和实证分析,包括第 4 章到第 5 章。第 4 章为大学青年教师专业发展影响因素模型的构建与验证。将理论研究、专家审议、深度访谈的方法相结合,提出了影响因素测度指标,并以此为基础,编制了《大学青年教师专业发展状况调查问卷》。对调查结果,采用最优尺度回归和信息熵的方法计算出各影响因素的重要性,筛选出 18 项测度指标构建影响因素模型。对模型采用验证性因子分析方法进行验证,并计算出影响因素各维度和各测度指标的作用效果。第 5 章为大学青年教师专业发展状况和影响因素的实证分析。本章对大学青年教师专业发展的总体状况、人口和组织特征变量的影响差异性进行分析,并以第4章建立的模型为基础,将大学青年教师"三分类",着重对不同群体的影响因素进行了结构性分析。研究主要采用相关分析、方差分析、决策树、聚类分析和最优尺度回归等方法来进行。研究发现:大学青年教师对专业发展现状整体上满意度较高;专业发展满意度差异集中反映在不同职称、年龄和收入群体之间;大学青年教师的离职倾向较高;离职倾向主要受职业认同、发展平台和空间以及教师社会地位的影响;大学青年教师专业发展影响因素在不同类别教师群体间的作用存在较大差异,随着青年教师资历的提高,工作场所层面影响因素的作用显著提升,社会环境和个体层面因素的作用有所下降;中等资历教师群体的专业发展和职业发展满意度差异较为明显,应成为关注的主体。

第三部分为研究结论与政策建议,为第6章。第6章对大学青年教师专业发展影响因素研究的主要结论进行总结,在大学青年教师专业发展影响因素模型的指导下,结合大学青年教师专业发展的阶段性特点,提出通过外部环境的创造、内部动力的激励以及对大学青年教师进行分类指导来共同促进大学青年教师专业发展的政策建议。最后提出本研究的局限和研究展望。

本书的特点是:从综合的研究视角出发,建立起从社会环境、工作场所和个体三个层面来综合分析大学青年教师专业发展影响因素的研究框架;编制了大学青年教师专业发展状况和影响因素评价量表,综合利用信息熵、最优尺度回归、验证性因子分析、方差分析、决策树、聚类分析等统计分析方法,构建起大学青年教师专业发展影响因素研究的新范式。

本书的出版得到了首都经济贸易大学出版社杨玲社长的大力支持,责任编辑为此书的出版付出了艰辛的劳动,在此一并表示感谢!

徐彦红

目　录

图目录

表目录

第1章 引 言

1.1 研究背景和问题的提出

　　大学在一个社会中的位置，相当于处于"智力金字塔"的顶层。大学是培养高端人才、向社会输出科研成果和学术思想的重要阵地，在一个国家的经济、政治、教育等众多领域中扮演着"标杆式"的重要引领作用。在很大程度上，高等教育所培养人才的数量尤其是质量决定了社会的发展程度，而高校教师的素质是高等教育质量的根本。中国的高等教育已经逐步推进和完成了规模扩张、国际化战略发展、调整学科布局以及大规模建设校区的发展阶段，进入质量优先的内涵式发展过程，教育领域正在进行的系统变革引领着中国高等教育发展的新常态。所有教育改革的贯彻和落实者都是大学教师，大学教师的工作是高度复杂的创造性、知识性工作，具有较高的不可替代性。可以说，没有教师的发展及其专业成长，教师的历史使命就无法完成。推进高等教育改革，必须要把握大学教师专业发展的特点和规律，探究影响大学教师专业发展的关键因素。本研究将大学青年教师作为研究对象。大学青年教师这一研究主体相对于其他年龄段的大学教师，具有专业发展的阶段性特点。

　　本书的核心问题是对大学青年教师专业发展的影响因素进行系统和精准的研究。大学青年教师普遍具有较高的学历学位，处于熟悉适应教师岗位到成长为专家型教师的职业生涯初期，承担着大量的教学任务和科研任务，大学青年教师经过5至10年的成长将成为学校教学、科研和管理的主要力量。然而，这支队伍的发展也面临着一系列问题：在职业成长上的主动意识有待进一步加强；缺乏良好的职业成长规划和设计；部分青年教师在高校中处于弱势地位，没有充分的话语权；所处的家庭养老、养育子女、购房等外在压力大；经济收入水平较低；高校对大学青年教师的重视和投入较多，但对大学青年教师专业发展的实际促进作用比较欠缺；社会未在政策和经费投入等方面给予大学青年教师专业发展足够重视，却尚未营造出有利于大学青年教师专业发展的外部宏观环境；等等。

大学青年教师处于人生成长阶段和职业发展的关键阶段，这些问题的存在必将影响作为重要人力资源的大学青年教师的发展，影响人才培养质量的提升，最终影响高等教育整体质量的提高，影响整个社会经济的发展。针对大学青年教师专业发展影响因素展开研究，是提高青年教师专业水平和教学能力、造就一批教学名师和学科领军人才的重要举措。今后大学青年教师师资队伍的建设重点，不仅包括人事制度改革、薪酬制度改革、培训制度改革等制度方面的改革创新，也包括学校营造良好的环境，引导青年教师对教学和科研活动的投入，以及努力创造适合青年教师发展的良好社会环境等管理方面的改革。

1.2 研究意义

1.2.1 理论意义

现有研究中，对大学青年教师这一微观主体的专业发展影响因素方面的研究缺乏理论性、系统性、深入性和精准性。本研究集中对大学青年教师专业发展的理论范畴以及影响因素进行综述和分析，具体的理论意义包括以下几个方面。

（1）完善大学教师专业发展的理论研究。对大学教师专业发展的内涵进行概念界定，对大学教师专业发展的结构、发展阶段、影响因素等开展文献综述。

（2）在理论借鉴和理论分析的基础上，构建大学青年教师专业发展影响因素研究的理论框架。

（3）对大学青年教师专业发展的影响因素在个体层面、工作场所层面和社会环境层面展开理论分析。

（4）构建大学青年教师专业发展影响因素理论模型，并结合实证分析结果对理论模型进行验证。

1.2.2 实践意义

大学青年教师是大学师资队伍中的主体力量，承担了大量的教育教学、科学研究和社会服务等工作，承担着为国家培养人才的重要任务，是国家最为重要的人力资源之一。促进大学青年教师的专业发展，关系到大学青年教师队伍人力资源效用的发挥，也关系到高等教育质量的发展，具体的实践意义包括以下几个方面。

（1）实证分析社会环境、工作场所和个体层面因素对大学青年教师专业发展的影响。

（2）测评大学青年教师专业发展的总体状况及影响因素的分人群结构性特征。

（3）探讨在社会层面、学校层面和个体层面的政策措施，促进大学青年教师的专业发展。

1.3　相关概念界定

1.3.1　大学

目前，学术界对大学的分类研究中比较有影响力的观点包括：潘懋元先生的三层次划分法，第一层次是学术性研究型大学，第二层次是专业性应用型的多科性或单科性的大学或学院，第三层次是职业性技能型院校（高职高专）；刘献君教授的六层次划分法，即研究型大学、教学型大学、教学服务型大学、教学型本科院校、专科学校、高等职业学校；杨德广教授关于大学分类的四种划分方法，即综合性研究型大学、多科性教学研究型大学、教学型大学、职业技能型大学。

另外，在《中国教育统计年鉴》中，高等教育的分类按照不同标准分别有：一是按照学校规格划分，包括：① 211 高校及省部共建高等学校；②其他本科院校；③高等专科院校。二是按学校隶属划分，包括：①部委院校；②教育部直属院校；③地方院校。三是按学校类型划分，包括：①综合大学；②理工院校；③农林院校；④医药院校；⑤师范院校；⑥语言院校；⑦财经院校；⑧政法院校；⑨体育院校；⑩艺术院校；⑪民族院校。

综合以上分析，提出本研究对大学的概念界定：大学是高等教育的较高层次机构，主要实施的是本科及以上层次的教育，具有较强的教学和科学研究水平，是多学科的综合性学校。因为本书聚焦于教学、科研等学术活动主体的专业发展状态及其专业发展影响因素的研究，因此所界定的大学概念不包含独立学院和高等专科学校。

1.3.2　青年和青年教师

对于青年的年龄界定，在不同的研究领域未达成一致的上下限界定标准。关于青年年龄界定的下限标准主要是 13 岁、14 岁、15 岁。因对本研究不产生影响，所以不针对年龄下限做具体的界定。对本研究有影响的差异主要体现在年龄的上限。

从国际上看，对青年的年龄上限比较权威的界定包括：联合国教科文组织对于青年年龄上限的界定是 34 岁（1982 年）；世界卫生组织对于青年年龄上限的界定是 44 岁（1992 年）；联合国人口基金会对于青年年龄上限的界定是 24 岁（1998 年）。国外有关青年教师的研究中，一般以工作年限在 7 年以内的教师作为青年教师，青年教师一般指没有获得终身教职的、第一次与高校形成聘任关系的教师。

目前，国内对青年年龄上限的界定主要有：国家统计局对于青年年龄上限的界定是 35 周岁（全国千分之一人口调查）；全国各类关于杰出青年的评选条件中，对于青年年龄上限的界定一般为 39 周岁；全国青年联合会将 40 周岁作为入选委员的年龄上限；在国家重要的科研基金项目的青年项目申报中，要求青年项目申报者的年龄一般不能超过 40 周岁（具体项目申报年龄要求见表 1 - 1）。

表 1 - 1　国家级主要科研项目青年项目申报年龄一览

序号	项目管理部门	项目类型	项目类别	年龄要求
1	国家自然科学基金委员会	国家杰出青年科学基金		申请当年 1 月 1 日，申请者年龄未满 45 周岁
2	国家自然科学基金委员会	国家自然科学基金	青年科学基金项目	申请当年 1 月 1 日，男性未满 35 周岁，女性未满 40 周岁
3	国家自然科学基金委员会	国家自然科学基金	优秀青年科学基金项目	申请当年 1 月 1 日，男性未满 38 周岁，女性未满 40 周岁
4	全国哲学社会科学规划办公室	国家社会科学基金	青年项目	申请者年龄不超过 35 周岁
5	教育部	新世纪优秀人才支持计划		自然科学领域，申请者年龄不超过 40 周岁；哲学社会科学领域，申请者年龄不超过 45 周岁
6	教育部	青年教师奖		申请当年 1 月 1 日，自然科学领域，申请者年龄不超过 40 周岁；哲学社会科学领域，申请者年龄不超过 45 周岁

续表

序号	项目管理部门	项目类型	项目类别	年龄要求
7	全国教育科学规划领导小组办公室	全国教育科学规划课题	国家青年基金课题	申请者和课题组成员年龄均不得超过 40 周岁（以申报截止日期为准）
8	全国教育科学规划领导小组办公室	全国教育科学规划课题	教育部青年专项课题	申请者和课题组成员年龄均不得超过 40 周岁（以申报截止日期为准）
9	全国艺术科学规划领导小组办公室	全国艺术科学规划课题	国家青年基金课题	申请者和课题组成员的年龄均不超过 35 周岁（以申报截止日期为准）
10	中组部牵头、多部门组成	青年千人计划		自然科学领域或工程技术领域，年龄不超过 40 岁的海外高层次归国人员

国内的有关研究一般都是以年龄为标准界定青年教师。有的研究界定在 35 周岁，有的研究界定在 40 周岁。目前，国内各大学招聘教师，普遍要求具有博士研究生学历，大学教师入职年龄集中在 28～32 岁，且根据大学教师的学术职业特点和教师的职业生涯周期规律，一名大学青年教师入职后，经历职业的适应和发展，达到职业成熟的年龄一般为 40 周岁左右，本研究将大学青年教师的年龄上限界定为 40 周岁。

综合上述研究并借鉴现有的研究成果，本研究对大学青年教师的界定是：年龄在 40 周岁以下，在拥有本科及以上学位授予权、以全面实施全日制本科及以上教育层次为主的普通高等学校内，专门从事教学与科研工作的走专任教师路线的教师。

1.3.3　教师专业发展

本研究对教师专业发展的概念界定是：大学教师专业发展指教师在教学、科研和社会服务等学术活动中能力的提升和个人自我价值的实现。促进大学教师专业发展，激发其工作的主动性和能动性，能够提高大学教师的人力资源效用，从而促进学校整体学术文化水平的发展，提升社会整体教育质量。

大学青年教师专业发展是指大学青年教师与学校及社会环境双向建构的过

程，包括大学青年教师自身发展、知识发展，促进学生发展、学校发展和高等教育发展不断实现和谐统一的过程。大学青年教师专业发展的研究要避免用孤立和封闭的方法，强调大学青年教师专业发展影响因素的整体性、系统性研究。

在现有的研究中，将"教师发展""教师专业发展""教师专业化"三者混同使用的情况较多。本研究认为，教师发展的范畴最宽泛，包含教师专业发展和教师专业化。教师发展包括教师的经济待遇、教师的身心健康、教师的人际关系、教师的教学水平、教师科研能力等方面的发展和提升。教师专业发展则主要从教师的工作职责出发，着眼于教师的教学、科研和社会服务等专业水平的提升，强调教师的专业发展对学校组织的发展和社会发展的带动作用。教师专业化强调教师职业的专业性，强调教师职业专业标准及外部环境对教师专业标准的要求。本研究中的教师专业发展更强调教师发展的专业性和自主性，及其对学校发展和社会发展的积极作用。

教师专业发展又区别于教师职业发展。专业发展一般是针对专业技能型人才的发展，而职业发展适用于所有职业的发展。大学青年教师专业发展的满意度着重于青年教师对于教学活动、科研活动以及自身学术水平提升、行业认可等方面的满意程度。大学青年教师的职业发展满意度包括对外职业生涯发展的满意度和对内职业生涯发展的满意度。其中，对外职业生涯发展满意度主要指青年教师对教师的社会地位、薪酬、名望等方面的满意度；对内职业生涯满意度主要指青年教师对职业卷入度、职业充实度、职业幸福感等方面的满意程度，反映的是青年教师对职业成就的满意、骄傲与自豪程度。

1.3.4 影响因素

本研究中影响大学青年教师专业发展的因素是指对其专业发展具有促进作用的关键因素。本研究首先要识别哪些因素对大学青年教师的专业发展起影响作用，并在此基础上，明确各影响因素对大学青年教师专业发展具体影响程度。以上研究要结合对各影响因素作用于大学青年教师专业发展机理的理论分析，在理论分析和实证检验的基础上构建大学青年教师专业发展的影响因素模型。

对于大学青年教师影响因素的研究要在把握大学青年教师本身的特点下进行。大学青年教师是有机的生命体，既有生物体的自然属性，又因其教育教学活动处于社会环境中而具有社会属性。所以其专业发展必然受到个体特征的影响，同时又受到学校层面和社会环境的影响。大学青年教师的专业成长过程是内外影响因素共同作用的结果，影响教师专业发展的外在环境主要包括社会层面和学校层面的因素，具体包括政策法规、社会经济和文化发展、学校的人力资源管理制度、学校文化和组织建设等方面。内在因素主要包括教师的职业发展、职业理念、职业素养和个体状况及家庭因素等。

由于大学青年教师专业发展受到内部和外部影响因素的共同作用，所以认识大学青年教师专业发展的影响因素是研究大学青年教师专业发展的逻辑基础，是制定大学青年教师专业发展促进政策的重要前提。

1.4　研究内容和本书结构

1.4.1　研究内容

根据现有理论和实践的研究成果，本研究将聚焦于大学青年教师专业发展影响因素的系统和精准研究。本研究的主要内容包括以下几点。

（1）构建大学青年教师专业发展影响因素研究的结构框架。在对大学教师专业发展及其影响因素研究的理论文献进行分析的基础上，借鉴生物生态系统理论的研究框架，提出大学青年教师专业发展影响因素的结构框架。

（2）提出大学青年教师专业发展影响因素测度的指标体系。通过理论分析、专家审议、评分和深度访谈研究，构建大学青年教师专业发展影响因素测度的指标体系。

（3）开发大学青年教师专业发展的影响因素测评工具。依据大学青年教师专业发展影响因素测度的指标体系，设计开发大学青年教师专业发展状况调查问卷。

（4）构建并验证大学青年教师专业发展影响因素模型。根据问卷调查结果，筛选大学青年教师专业发展影响因素测度指标，建立并验证大学青年教师专业发展影响因素模型；同时，测度大学青年教师专业发展影响因素的作用程度。

（5）分析大学青年教师专业发展的特点，理论分析并实证大学青年教师专业发展状况，为有效制定大学青年教师专业发展的促进政策提供依据。

促进大学青年教师的专业发展，要加强对大学青年教师所处职业发展阶段和特点的把握和认识；制定促进大学青年教师发展的政策，取决于对大学青年教师专业发展现状和影响因素的分析；对大学青年教师专业发展的现状和影响因素的分析，要开发和设计影响因素的评价量表，建立起大学青年教师专业发展的影响因素模型；有效的工具量表的开发和模型的构建，需要建立在对大学青年教师专业发展的内涵与影响因素结构正确认识的基础上。

1.4.2　本书结构

本研究以大学青年教师为研究主体，分析大学青年教师专业发展的特征，识别大学青年教师专业发展的主要影响因素，明确各关键影响因素对大学青年教师专业发展的影响程度，提出促进大学青年教师专业发展的对策建议。本书的结构安排如下。

第1章是引言。从大学青年教师专业发展的研究背景出发，对研究的基本概念和范畴进行了界定，提出研究大学青年教师专业发展影响因素的理论和实践意义，确定了本研究的主要内容和研究的技术路线图。

第2章为研究的理论基础和文献综述。以大学教师专业发展理论为基础，对国内外大学教师专业发展及影响因素、大学青年教师等进行了较为广泛的文献研究。通过文献梳理，指出现有研究存在哪些不足、哪些研究对本研究具有重要的借鉴意义，提出本研究的研究方向和研究重点。

第3章为大学青年教师专业发展影响因素及其结构的理论分析。以大学青年教师专业发展的特点分析为逻辑起点，借鉴生物生态系统理论的研究框架，提出理论上大学青年教师专业发展影响因素的结构，并对各影响因素及其作用从社会环境、工作场所和个体三个层面进行理论分析。

第4章为大学青年教师专业发展影响因素模型的构建与验证。主要是依据国内外有关研究和上述理论分析，结合专家审议和深度访谈的研究结果，建立大学青年教师专业发展影响因素测度的理论指标体系。通过设计和开发大学青年教师专业发展状况调查问卷，根据最优尺度回归和信息熵值进行影响因素的重要性分析，筛选出青年教师专业发展影响因素测度的指标体系，构建并验证大学青年教师专业发展影响因素模型。

第5章为大学青年教师专业发展状况和影响因素的实证分析。对大学青年教师专业发展的总体特点进行分析，根据不同的人口特征和组织特征对大学青年教师专业发展影响效果进行分析，将大学青年教师"三分类"，并以第4章构建的影响因素模型为基础，研究不同青年教师群体间的影响因素差异。

第6章为研究结论与政策建议，得出大学青年教师专业发展影响因素研究的主要结论。从国家、学校和教师个体三个层面提出促进大学青年教师专业发展的政策建议，最后提出本研究的局限和研究展望。

其中，第3章、第4章、第5章是本书的主体部分。

1.5 研究方法和技术路线

1.5.1 研究方法

目前对大学教师发展所开展的研究中，采用较多的是逻辑思辨或者实证研究的单一方法，其中逻辑思辨的研究方法采用得更多。逻辑思辨方法缺乏与实证方法的结合，理论思辨缺乏实践验证；实证检验又缺乏理论上的基础以及经验上的提升。本研究拟采用逻辑思辨与实证研究相结合的研究方法，具体包括以下几个方面。

1.5.1.1 文献分析法

本研究通过搜集、鉴别、整理有关大学教师专业发展的研究文献，对文献进行深入剖析，界定大学、青年、大学青年教师、专业发展的概念，综述大学教师专业发展的内涵、结构、发展阶段等研究现状，综述大学青年教师及其专业发展研究现状，梳理大学教师专业发展的影响因素。

1.5.1.2 深度访谈法

深度访谈法是社会科学研究方法中的一种主要方法。本研究通过半结构性访谈，设置好访谈内容的大致框架，形成访谈提纲，分别对大学的师资管理者、专家和大学青年教师开展一对一深度访谈。通过深度访谈，进一步了解大学青年教师的专业发展状况，确定大学青年教师专业发展影响因素的维度、指标的合理性和有效性，将专家和青年教师对影响因素指标的理解进行整理和阐释。

1.5.1.3 问卷调查法

问卷调查法是运用设计的调查问卷向研究对象收集数据的一种调查方法。本研究在文献综述、专家审议和评分、深度访谈的基础上，设计开发大学青年教师专业发展状况调查问卷，面向全国大学青年教师开展问卷调查。对于量表问卷，通过信效度和效度检验，对检验测量结果进行一致性和有效性检验。

1.5.1.4 统计分析方法

本研究对问卷调查获取的数据，运用最优尺度回归、信息熵、验证性因子分析、相关分析、方差分析、决策树、聚类分析等多种统计分析方法，对数据进行统计分析和深入挖掘。其目标是建立大学青年教师专业发展影响因素模型，精准化计算出各关键影响因素的作用程度，并反映大学青年教师专业发展的客观状况。具体方法应用如下。

第一，采用最优尺度回归和信息熵综合的方法对构建影响因素模型的指标进行筛选。最优尺度回归分析方法允许各种类型的分类变量，数据处理过程中对原始变量进行相应的非线性变换，经过反复迭代确立最佳方程式；信息熵的方法反映了指标的信息无序程度，熵值越小，反映了指标的效用越高，相应权重越大。经过综合筛选，确定影响因素模型的指标体系。

第二，采用验证性因子分析的方法对构建的大学青年教师专业发展影响因素模型进行验证。验证性因子分析常采用结构方程分析，也称为结构方程建模（Structural Equation Model，SEM）。验证性因子分析根据一定的理论与先验知识，对因子的结构维度及变量间的关系预先确定好，再通过验证性因子分析来进行合理性验证。

第三，采用相关分析方法对大学青年教师专业发展的总体状况进行分析。相关分析研究变量之间是否存在某种依存关系，并对具有依存关系的变量探讨其相关方向以及相关程度，是研究随机变量之间相关关系的一种统计方法。本研究对专业发展满意度、职业发展满意度、离职倾向以及离职倾向与影响因素等相关关系进行分析。

第四，采用方差分析方法对不同的人口和组织变量在大学青年教师专业发展的影响效果上的显著性差异进行分析。方差分析就是将总的方差分解为各个方差的成分，然后利用显著性检验法进行分析判断和做出适当的结论。本研究通过方差分析找出对大学青年教师专业发展具有显著性作用的影响因素。

第五，本研究采用决策树和聚类分析的方法，分析大学青年教师的人口和组织特征。决策树是以机器学习的手段将样本拆分成树形结构的分类方法，其优势在于能够直观地反映分类指标的重要性以及样本的分类结构。聚类分析的思想是将个体集合分类，使得同类个体之间的同质性最大化、类间个体异质性最大化。本研究采用决策树方法对人口和组织特征变量对青年教师专业发展满意度作用的差异性进行分析，采用 K - means 聚类方法对教师群体进行分类，并采用最优尺度回归等方法，分析影响因素在不同的青年教师群体间的差异，进一步发现不同群体青年教师专业发展的特征。

1.5.2 技术路线图

本研究的基本思路框架如图 1 - 1 所示。

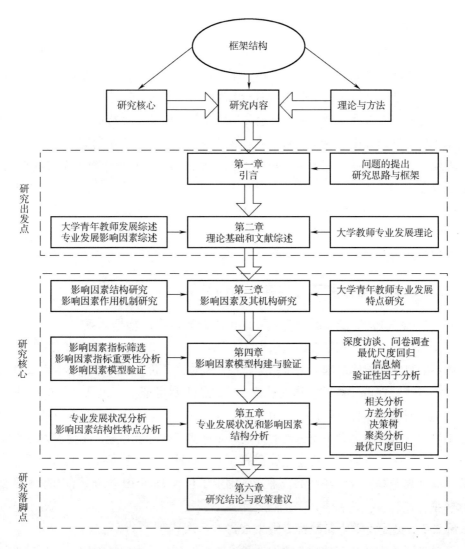

图1-1　本书的技术路线

1.6　研究的创新点

本研究尝试从大学青年教师专业发展影响因素的研究框架、研究方法和研究内容两个方面进行理论和实践创新。

1.6.1 在影响因素研究框架上的创新

本研究在影响因素的研究框架构建方面，以教师专业发展理论为基础，阐明了大学青年教师专业发展的特点，借鉴了生物生态系统理论的研究框架，将大学青年教师专业发展影响因素归纳为社会环境、工作场所和个体层面三大类因素，并综合分析青年教师群体所处的社会环境、工作场所和个体特征，从外而内地逐层深入分析和研究影响青年教师专业发展的因素，逐步探究本研究的主体——大学青年教师专业发展影响因素，呈现了各层面影响要素对青年教师发展的作用。本研究在大学青年教师专业发展的影响因素指标体系的构建与筛选、影响因素理论模型的构建与验证中一直坚持社会环境、工作场所和个体三个层面的分析框架，最终从社会环境、工作场所和个体三个层面分别提出了促进大学青年教师专业发展的政策建议。

1.6.2 在研究方法和研究内容上的创新

1.6.2.1 构建大学青年教师专业发展影响因素的测度指标体系

采用理论与实证相结合的方法构建大学青年教师专业发展影响因素测度的指标体系。科学构建影响因素测度指标体系，是综合评价大学青年教师专业发展的前提。本研究在指标体系的建立过程中，理论上尽可能全面地初选指标，共27个，随后对初选指标进行优化，由专家审议和评分增加了3个指标。对建立的30个影响因素测度指标，采用适当的方法来对这些指标进行筛选。本研究对指标筛选采用了最优尺度回归和信息熵综合的方法，两种方法反映影响因素指标重要性的计算结果基本一致。经过综合筛选，确定了包含18个因素的影响因素测度指标体系。

1.6.2.2 实证大学青年教师专业发展影响因素模型

设计开发大学青年教师专业发展状况调查量表，采用验证性因子分析的方法实证大学青年教师专业发展影响因素模型。目前，关于大学青年教师专业发展的有关研究中，理论思辨多，实证研究少，尤其缺少对于促进大学青年教师专业发展影响因素的分析以及各影响因素对于大学青年教师专业发展促进作用的精准研究。本研究编制了大学青年教师专业发展状况调查量表，量表的编制建立在对教师专业发展的内涵与影响因素结构的分析基础上，对有关研究具有借鉴意义。本研究根据问卷调查结果，通过验证性因子分析的方法，对预先提出的大学青年教师专业发展影响因素模型进行验证。在验证过程中，删除作用不显著的教育投入这一社会层面的指标，对提取的 17 个因素和 3 个维度进行了验证。经过对模型的内在质量和外在质量进行考量，模型的拟合度较好。

1.6.2.3 实证大学青年教师专业发展影响因素在不同群体间的结构性差异

本研究采用方差分析、决策树和聚类分析的方法，对不同的人口和组织特征变量在大学青年教师专业发展的影响效果上的显著性差异进行分析，将大学青年教师按照人口和组织特征"三分类"，并以影响因素模型的指标为基础，借鉴分位数回归的思想，采用最优尺度回归等方法，分析影响因素在不同的教师群体间的差异。研究发现：青年教师对专业发展现状整体上满意度较高，但与职业满意度存在一定程度差异；高校青年教师专业发展满意度差异集中反映在不同职称、年龄、收入群体之间；青年教师专业发展影响因素的作用在不同类别教师群体间存在较大差异，跨学科团队的组建对较高资历青年教师专业发展影响最大；大学的组织领导对中等资历青年教师的专业发展影响最大；处于职业生涯初期的青年教师对薪酬的需求更为强烈；随教师资历的提高，工作场所层面影响因素的作用显著提升，而社会环境和个体层面因素的作用有所下降；中等资历教师群体的专业发展和职业发展满意度差异较为明显；等等。

第 2 章　理论基础和文献综述

本章以大学教师专业发展理论为基础，对国内外大学教师专业发展及影响因素、大学青年教师研究等进行较为广泛的文献研究。大学教师的专业发展贯穿于教师职业生涯的全过程。在学术界，国内外研究者对教师专业发展问题的关注和研究由来已久，学者们和实践者们对教师专业发展的研究比较深入，并形成了较为丰富的研究成果。相关研究的研究视角得到了不断拓展，研究方法也从单一思辨发展到丰富多元。大学青年教师的专业发展在其角色发展的过程中承担着更为重要的作用，只有认识青年阶段教师的职业生涯发展规律，更好地理解其所处的职业生涯特点，才能更好地把握青年教师的专业发展方向、做好职业生涯规划。对大学教师尤其是大学青年教师的关注和研究对于促进学生发展、教学发展和学校发展都具有重要意义。

2.1　大学教师专业发展理论

"发展内涵"研究主要是解决什么是大学教师专业发展的问题，目的是对大学教师专业发展的特征进行分析；"发展结构"研究主要是解决发展什么的问题，目的是对大学教师专业发展的主要内容进行分析；"发展阶段"研究主要是解决怎样发展的问题，目的是对大学教师专业发展的阶段特征进行分析；关于大学教师专业发展终归要落脚于促进大学教师的发展实践，提出大学教师专业发展的发展路径，即主要解决大学教师专业发展怎么做的问题。

关于教师专业发展的成果较多，已经涉及各主要方面，这些成果对于教师专业发展的内涵、专业发展的结构及专业发展的阶段性研究都对青年教师的专业发展具有重要的参考意义，主要表现在：第一，大学青年教师是大学教师队伍中的一支重要力量，其专业发展的概念内涵和大学教师专业发展的概念内涵应该是一致的，大学青年教师专业发展同样具有系统性和复杂性。第二，大学青年教师专业发展指教学、科研和社会服务等学术能力的提升和个人自我价值的实现。大学青年教师的专业发展可以促进学校整体学术文化水平的发展，从而提升社会整体教育质量。第三，大学青年教师处于职业生涯的初期，这一年龄阶段的教师与其他年龄阶段的教师在心理特征、情感、认知、教学特征等方面具有明显的不同。借鉴专业发展阶段理论，只有认识青年阶段教师的职业生涯规律，更好地理解其所处的职业生涯特点，才能更好地把握青年教师的专业发展方向、做好职业生涯规划。第四，大学青年教师的专业发展在其角色发展的过程中承担着更为重要的作用。大学青年教师通过系统的专业学习获得了专业化的知识和技能，并在入职后形成了专业的价值观和行为规范。

以下将对大学教师专业发展的内涵、结构和发展阶段研究情况进行综述。

2.1.1　大学教师专业发展内涵研究

2.1.1.1　教师发展

对于教师专业发展内涵的概念界定，不同的研究者从不同的视角出发，提出了不同的看法和理解，见表 2 - 1。

表 2 - 1　国外教师发展内涵研究典型解释

时间	学者	主要观点
1975 年	伯奎斯特（William H. Berquist）和菲利普斯（Steven R. Philips）	高校教师发展的首要目的是提高教师个人的教学质量，同时也应综合的，包括教师作为教学者、个人以及组织成员的发展[1]
1976 年	克劳（Crow）	教师发展是全体教师的综合发展[2]
1984 年	博伊斯（Boice）	教师发展就是改进并提高教学质量[3]
1986 年	布兰德（Bland）	教师发展就是促进教师的科研活动[4]
1988 年	克劳德（Claude）	教师发展关注的是教师学术、课堂教学和个人职业生涯的发展；目的是为了保持和促进高校教师个人专业能力的发展，使他们在特定的院校中完成各种任务的项目、活动、实践和策略[5]

---

① Bergquist W H, Phillips S R. A Handbook For Faculty Development［J］. Faculty Development, 1975：299.

② Crow M. L, Milton O, Moomaw W. E. et al.：Faculty development centers in southern universities［M］. Atlanta：Southern Regional Education Board, 1976：7.

③ Boice R. Reexamination of traditional emphases in faculty development［J］. Research in Higher Education, 1984, 21（2）：195 - 209.

④ Schmitz C. C, Bland C. J. Characteristics of the successful research and implications for faculty development［J］. Journal of Medical Education, 1986, 61（2）：22 - 31.

⑤ Menges R. J, Mathis B. C. Key resources on teaching, learning, curriculum, and faculty development：a guide to the higher education literature［M］. San Francisco：Jossey - Bass, 1988：254.

时间	学者	主要观点
1994 年	迪勒任祖（Dilorenzo）	教师发展是教师提高任何学术能力的过程[①]

资料来源：徐延宇，李政云．美国高校教师发展：概念、变迁与理论探析［J］．黑龙江高教研究，2010．

从表 2 - 1 可以看出，国外学者对教师发展内涵的界定主要指教师的学术科研活动的发展，较少考虑教师个人职业发展等方面的问题。随着教师发展有关理论研究的不断深入，研究者们普遍认为教师发展的核心是教师的专业发展[②]。厦门大学潘懋元教授对教师发展的概念界定具有权威性。在 2006 年举办的"第四次高等教育质量国际研讨会"上，潘懋元教授分别从广义和狭义上对教师发展做了区分：广义上的教师发展将全部在职教师置身于终身学习的体系下，教师们通过各种渠道开展学习，并在教师的活动中加以实践，从而不断完善并提升教师的专业化水平；狭义上的教师发展则专门指对新入职教师开展的专业化培训，重点是使新教师适应教师这一角色。他还强调了教师发展是个性化、自主化的发展过程[③]。潘懋元（2007）认为，高校教师发展的内涵在不同时期、不同国家或地区，随着社会发展需要的变化而变化。教师发展的内涵是不断扩大的，并且是朝着人的终身成长的方向发展的[④]。

2.1.1.2 教师专业发展

国内外研究者对于教师专业发展的内涵界定尚未取得一致意见。

在国外有关教师专业发展的研究中，研究者们普遍认为教师专业发展是指教师在提高自身知识、提升思想、促进教学效果方面的能力（Mingucci，2002）[⑤]。Gabriel，H&Maggioli（2003）从教师本身的角度提出，教师专业发展是个体自愿参与学习的过程，是教师自主学习从而更好地调整教学方法、与学生学习需求相适应的持续的学习过程。专业发展不能一蹴而就，而是需要不断地自我揭示和自

---

① Dilorenzo T M, Heppner P P. The Role of an Academic Department in Promoting Faculty Development：Recognizing Diversity and Leading to Excellence ［J］. Journal of Counseling & Development, 1994, 72 (5)：485 - 491.

② 芮燕萍．大学英语教师专业发展状况实证研究［D］．上海外国语大学，2011.

③ 乔连全，吴薇．大学教师发展与高等教育质量——第四次高等教育质量国际学术研讨会综述［J］．高等教育研究，2006（11）：106 - 109.

④ 潘懋元，罗丹．高校教师发展简论［J］．中国大学教学，2007（1）：5 - 8.

⑤ Mingucci, M. M. AR as ESL Teacher Professional Development ［D］. Universityof Misouri - Kansas City, 2002.

我反思、不断地进行演变①。Day（1999）对教师专业发展的内涵界定为：教师专业发展不仅包括学习经验，还包括各种活动，个体、团体或学校都是经验和活动的直接或间接受益者，他认为教师的专业发展具有批判性，教师的专业发展和学生的发展可以互相对双方发展的有效性给予鉴别②。这些是对教师专业发展提出的比较全面的概念界定。

国内学者在教师专业发展内涵的界定上充分借鉴了国外学者的相关理论。肖丽萍（2002）从教师实现个人价值的视角出发，提出教师专业发展是在教师专业化的同时不断提高职业素养的过程，强调设定教师的职业发展目标，通过提高教师的教育教学能力最大限度地实现教师的人生价值③。郑伦仁（2009）从教师职业生涯发展的角度出发，将教师专业发展界定为由专业新手型教师成长为专家型教师的过程，强调教师要通过专业的教师发展组织，提升教师的专业知识与技术、提高教师的专业能力、提升教师的专业道德等，从而实现由不成熟的发展转变为比较成熟的发展④。

以上对大学教师专业发展的概念和内涵的界定，视大学教师专业发展为个体教学水平的提高以及科研能力的提升，基本上属于狭义的范畴。而大学教师的专业发展离不开所在的机构、组织和社会环境的影响，个体发展角度的概念界定具有一定的局限性，不利于全面系统地促进大学教师的专业发展。

因此，有研究者提出了大学教师专业发展的全面、系统和综合的概念。大学教师专业发展不仅包括教师个体教学和科研水平的提升、职务的晋升，同时包括由教师发展所促进的学校组织的发展，乃至于促进整个高等教育的发展。有代表性的研究者是李志锋教授。李志锋（2013）认为，教师从事学术工作能力（主要包括育人能力、教学能力、科研能力、社会服务能力等）的发展是教师专业发展的核心，提高教师的专业发展水平能够满足学校发展和社会发展的需要。教师专业发展是教师与环境双向建构的过程，教师通过自我发展，促进了自身与环境变化相适应的能力，提高了教师自身价值和学校组织的存在价值，同时推动了教

---

① Gabriel, H. & Maggioli, D. Professional development for language teachers. ERIC Digest [J]. Washington, DC：ERIC Clearinghouse on Languages and Linguistics, 2003.

② Day, C. Developing Teachers：the Challenges of Lifelong Learning [M]. London：The Falmer Press, 1999.

③ 肖丽萍. 国内外教师专业发展研究述评 [J]. 中国教育学刊, 2002 (5)：61 - 64.

④ 郑伦仁，周鸿. 高校教师专业发展及其自我实现途径研究 [J]. 河南理工大学学报（社会版），2009 (3)：520 - 523.

师专业化和教师发展社会化的实现①。

本书在以上研究的基础上，提出了大学教师专业发展的概念界定。大学教师专业发展指教师在教学、科研和社会服务等学术活动中能力的提升和个人自我价值的实现。促进大学教师专业发展，激发其工作的主动性和能动性，能够提高大学教师的人力资源效用，从而促进学校整体学术文化的发展，提升社会整体教育质量。教师专业发展就是教师与环境双向建构的过程。

2.1.2　大学教师专业发展结构研究

对大学教师专业发展结构的研究，早期主要指提高教师的专业领域水平，之后发展为提高教师的教学能力。在此基础上，又针对个人职业发展、组织发展、教师人际交往技能、教师对生活的理解等展开了研究。

伯奎斯特、菲利普斯在 1975 年出版了《高校教师发展手册》，根据教师发展项目所关注的不同重点，将教师发展分为教学发展、组织发展和个人发展②，如表 2 − 2 所示。

表 2 − 2　教师专业发展结构

	教学发展	组织发展	个人发展
关注重点	教学、课程	组织	教师
目的	提高教学质量	改善教师工作环境	促进教师成长
开展的活动	教学评价 教学诊断 传统的教学方法培训 新教学方法与技能培训 课程设计	团队培养 决策 问题解决 冲突管理 管理培训	生活与职业规划 个人成长 人际交往技能训练 治疗性和支持性的咨询 教学方面的讨论

资料来源：［美］伯顿·R. 克拉克. 高等教育系统——学术组织的跨国研究［M］. 王承绪等，译. 杭州：浙江大学出版社，1994.

Fullan & Hargreaves（1992）认为，教师专业发展结构既包括知识和技能的

---

① 李志峰，高慧. 高校教师发展：本体论反思与实践逻辑［J］. 大学教育科学，2013（4）：66 − 71.

② 伯顿·R. 克拉克［美］. 高等教育系统——学术组织的跨国研究［M］. 王承绪，等，译. 杭州：浙江大学出版社，1994.

发展，也包括自我理解和生态的改变。他们指出："教师专业发展"包括教师特定方面的发展和教师在教学技能、目标意识以及与同事合作等方面的发展①。Hargreaves（1995）从教师社会化的角度认识教师专业发展的结构问题，他认为教师专业发展既包括知识发展、技能提升等技术性方面的发展，也包括道德、政治及情感等方面的考虑②。Evans（2002）指出，教师最根本的发展是态度和功能上的发展，其中：态度上的发展主要包括智识性和动机性的发展；功能上的发展主要包括程序性和生产性的发展③。

国内学者林崇德、申继亮、辛涛等人（1996）通过实验研究，建立了教师素质结构理论，探讨了教师知识、观念和监控能力等的形成过程及相应的结构④。唐玉光（1999）的研究认为教师专业发展是由不成熟到相对成熟的发展，发展是绝对的发展，成熟却是相对的，教师专业发展包括知识、技能和能力维度的提高，还包括态度和情感维度的发展⑤。叶澜（2001）的研究认为教师专业发展结构包括教师的专业理念、知识、能力、态度和自我发展意识等⑥。李瑾瑜（2003）的研究认为教师专业发展的本质包括四个方面，分别是教育理念、专业知识、专业道德和专业精神，以上四个方面缺一不可⑦。傅春道（2003）的研究认为教师专业发展的结构包括三个方面，分别是专业知识、职业能力和教育理念，其中教育理念在三个层面中起统领作用，影响教师个体成长的因素构成教师专业发展的动力系统，具体包括教师的需要、工作动机、工作态度等⑧。宋广文（2005）认为教师专业发展研究关注的重点共有六个方面，具体包括专业知识、专业技能、专业自主、专业情意、专业价值观、专业发展意识等⑨。潘懋元（2007）在定义教师专业发展的同时，也确立了教师专业发展能力结构的三个方

---

① Fullan, M. & Hargreaves, A. Understanding Teacher Development［J］. New York：Teachers College Press. 1992：243.

② Hargreaves A. Development and Desire：A Postmodern Perspective.［J］. Activism, 1994：51.

③ Linda Evans. What is Teacher Development?［J］. Oxford Review of Education, 2002, 28（1）：123 – 137.

④ 林崇德，申继亮，辛涛. 教师素质的构成及其培养途径［J］. 中国教育学刊, 1996（6）：10 – 14.

⑤ 唐玉光. 教师专业发展的研究［J］. 全球教育展望, 1999（6）：39 – 43.

⑥ 叶澜等. 教师角色与教师发展新探［M］. 北京：教育科学出版社, 2001.

⑦ 李瑾瑜. 新课程与教师专业发展［M］. 北京：首都师范大学出版社, 2003.

⑧ 傅道春. 教师的成长与发展［M］. 北京：教育科学出版社, 2003.

⑨ 宋广文，魏淑华. 论教师专业发展［J］. 教育研究, 2005（7）：71 – 74.

面，具体包括教师学术水平的提升、职业知识和技能的增强、师德的发展等①。李志峰（2013）指出高校教师的发展要优先考虑伦理道德的发展，然后才要考虑教师的专业和地位发展等，教师的发展结构具有多种特征，包括终身发展、多向度发展以及个性化发展②

教师专业发展结构研究是在教师专业发展内涵研究基础上的不断深化。教师专业发展结构既包括专业知识和专业能力的提高，也包括专业态度、教育理念的提升以及师德的发展。从教师专业发展的内容和体系等方面看，教师专业发展结构是教师具有的知识水平、教育教学能力以及教师德行的有机统一。

2.1.3 大学教师专业发展阶段研究

国内外许多学者对教师专业发展的阶段性规律和特点十分关注，现有研究已经将教师专业发展的阶段研究系统化。划分教师专业发展阶段要与教师职业生涯发展相结合，因为教师在不同的职业生涯阶段所呈现的特点具有明显的阶段性。

国外有代表性的研究包括③以下几种理论。

教师关注阶段论，开创者是美国学者费朗斯·富勒（Fuller，1969）。富勒的教师关注理论，其重点在教师的职前培育时期。研究结果表明：教师成长为专业教师的不同阶段，关注的重点是不同的，依次为：任教前关注、早期生存关注、教学情境关注和关注学生四个阶段。

教师发展时期论，代表人物是美国学者卡茨（Katz，1972）。他针对学前教师的专业发展目标，将教师发展分为求生存时期、巩固时期、更新时期和成熟时期四个时期。

教师发展阶段论。20世纪70年代末至80年代初，美国学者伯顿（Burden）、纽曼（Newman）、皮特森（Peterson）、弗劳拉（Flora）等人有组织地开展了教师发展研究，他提出了教师生涯循环发展理论。其中的代表性人物是伯顿，他提出教师发展的阶段依次为：求生存阶段、调整阶段和成熟阶段。

教师生涯循环论。教师生涯循环论的代表人物是费斯勒（Fessler，1985），他将教师的职业生涯周期共分为了八个阶段，依次是：职前教育阶段、引导阶段、能力建立阶段、热心和成长阶段、职业挫折阶段、稳定和停滞阶段、职业消退阶段、职业退出阶段。他在研究中结合了翔实的个案研究，提出教师在每个阶

---

① 潘懋元，罗丹. 高校教师发展简论 [J]. 中国大学教学，2007（1）：5–8.
② 李志峰，高慧. 高校教师发展：本体论反思与实践逻辑 [J]. 大学教育科学，2013（4）：66–71.
③ 杨秀玉. 教师发展阶段论综述 [J]. 外国教育研究，1999（6）：36–41.

段具有的专业发展特征和需求，并提出要有针对性地制定教师发展激励措施。

教师生涯发展模式。美国学者司德菲（Steffy，1989）建立了教师生涯发展模式，他将教师发展共分为五个阶段，依次是：预备生涯阶段、专家生涯阶段、退缩生涯阶段、更新生涯阶段和退出生涯阶段。

教师职业周期主题模式。美国学者休伯曼（Huberman，1993）提出了教师职业周期主题模式，将教师发展分为七个时期，依次是：入职期、稳定期、实验和歧变期、重新评估期、平静和关系疏远期、保守和抱怨期、退休期。

自 20 世纪八九十年代起，我国学者也开始对教师专业发展阶段展开研究。研究者从不同的研究视角出发，形成了不同的教师专业发展阶段理论，有代表性的国内研究成果包括以下几种理论。

两阶段说。吴康宁教授（1998）将教师专业发展划分为预期专业社会化与继续专业社会化两个阶段①。朱玉东（2003）以时间为界把教师专业发展划分为职前专业发展和职后专业发展两个阶段②。

三阶段说。唐玉光（2003）以职前、入职、在职三个时间段为依据，将教师专业发展分为职前准备、入职辅导、在职提高阶段，并提出三个阶段是一体化的③。

四阶段说。邵宝祥（1999）等从教师的教学能力出发，采用个案研究法和问卷调查，把教师专业发展过程划分为适应、成长、称职和成熟四个阶段④。梁文鑫（2008）分析了信息化对教师发展的影响，将教师专业发展阶段分为生态突变期的学习、模仿与尝试使用阶段，生态进化期的困惑、怀疑阶段，生态融合期的确定应用阶段，生态平衡期的创新应用阶段⑤。

五阶段说。叶澜、白益民（2001）从教师自我专业发展意识角度出发，采用逻辑思辨的方法，将教师专业发展阶段划分为五个阶段，分别为：非关注、虚拟关注、生存关注、任务关注以及自我更新关注⑥。傅树京（2003）对富勒和伯顿

---

① 吴康宁．教育社会学［M］．北京：人民教育出版社，1998：215 – 221.

② 朱玉东．反思与教师的专业发展［J］．教育科学研究，2003（11）：26 – 28.

③ 唐玉光．基于教师专业发展的教师教育制度［J］．教师教育研究，2002，14（5）：35 – 40.

④ 邵宝祥，王金保．中小学教师继续教育基本模式的理论与实践（上）［M］，北京：北京教育出版社，1999 年版.

⑤ 梁文鑫，余胜泉，吴一鸣．面向信息化的教师专业发展阶段描述与促进策略研究［J］．教师教育研究，2008（1）18 – 21.

⑥ 叶澜，白益民，王枬．世纪之交中国基础教育改革研究丛书：教师角色与教师发展新探［M］．北京：教育科学出版社，2001.

"发展阶段的教师关注"进行了归纳和总结，并在此基础上提出了适应期、探索期、建立期、成熟期、平和期五个阶段，描述了不同专业发展阶段的教师发展能力和教师需要的差异①。陈永明（2003）以教龄为参数将教师发展划分为适应和发现期、稳定期、适应期或重新评价期、平静期或保守期、退出教职期等五个连续的发展阶段②。卢真金（2007）提出教师专业发展的五阶段说，即适应与过渡、分化与定型、突破与退守、成熟与维持、创造与智慧，并指出在教师专业发展的每一阶段，教师也会相应地成长为适应型、经验型、知识型、混合型、准学者型、学者型和智慧型七类教师③。

六阶段说。李壮成（2013）提出将教师专业发展划分为六个阶段，包括预备期、适应成长期、成熟期、高原期、创造期和退出期④。

八阶段说。裴跃进（2008）将教师发展阶段确定为教学系统、自我系统和组织系统三个范畴，并对教师专业发展阶段从这三个范畴的方面分为了准备期、初始期、适应期、胜任期、成熟期、创造期、稳定期和退隐期共八个阶段⑤。

国内外学者基于不同的研究视角，对教师专业发展阶段进行了大量的研究，形成的教师专业发展阶段理论也各有不同。教师专业发展阶段的划分主要依据教师在不同的职业生涯周期所具有的特点来划分。

2.2 国内外大学青年教师及其专业发展研究综述

2.2.1 国外大学青年教师研究

20 世纪 90 年代以来，美国高校引入人力资源管理理念加强对教师队伍的管理，并且将新教师作为高校重要的学术人力资源，在其发展中形成了较为完善的工作理念和工作内容。

1. 关于新教师的概念界定。在现有的研究文献中，并没有形成对于新教师概念的统一定义，目前有三种关于新教师的概念界定较为普遍：一是指所在院校

---

① 傅树京. 构建与教师专业发展阶段相适应的培训模式 [J]. 教育理论与实践, 2003 (6): 39 – 43.

② 陈永明. 现代教师论 [M]. 上海: 上海教育出版社, 2003: 186 – 188.

③ 卢真金. 教师专业发展的阶段、模式、策略再探 [J]. 课程. 教材. 教法, 2007 (12): 68 – 74.

④ 李壮成. 教师专业发展阶段探析 [J]. 四川文理学院学报, 2013 (6): 119 – 122.

⑤ 裴跃进. 教师专业发展阶段基本内涵的探究 [J]. 重庆文理学院学报 (社会科学版), 2008 (1): 17 – 23.

具有终身教职系列，但是该年轻教师还没有获得终身教职；二是指任命为学术职位后，工作时间还不满 7 年的教师；三是指获得博士学位后刚刚进入学术职业的年轻教师①。

2. 关于新教师工作压力的研究。英国的阿伯瑟里（Abouserie）对教师压力来源进行了研究，得出：大学教师首要压力来自工作（74%），其次按照重要程度依次来自家庭需要（44.6%）、工作时间（29%）、经济条件（22.9%）、人际关系（15.7%）和健康情况（8.9%）②。

3. 关于新教师工作家庭关系的研究。新教师工作家庭关系是指除了工作，高校新教师承担的作为配偶、父母、子女等角色在个人生活中应尽的义务以及作为公民应承担的责任。索斯内尔（Mary D. Sorcinel-li）的研究表明：新教师的工作对家庭存在"负面溢出"，即工作逐渐"蔓延"到个人生活中，其负面影响是工作任务和工作使命侵蚀了新教师的闲暇时间以及社会生活③。然而，做好工作和生活的平衡可能需要相当长的时间④。

4. 关于新教师职前教育的研究。1975 年，联合国教科文组织在召开的国际教育会议中提出：要在新教师的教育中，将任职前教育和在职教育有机结合⑤。1993 年，由美国学院、大学联合会及美国研究生院委员会倡导发起了一个全国性的项目——PFF 项目（the Preparing Future Faculty Program），即"未来师资培训"项目⑥。这一项目目前已经发展得较为完善，很多国家受其影响也建立起了相似的职前培训项目。

5. 关于新教师入职培训的研究。美国新教师入职培训缘起于 1980 年，佛罗里达州开始要求全州所有新教师必须参加入职培训。在日本，1988 年以立法的形式创立了"新教师研修制度"，对新教师进行有关教育技术的一般指导。在英国，一般都安排新任教师见习期，在这期间新教师在有经验的教师指导下，一边

---

① 郭丽君，吴庆华．浅析美国高校新教师发展［J］．高等教育研究，2012（7）：69 - 73.

② Abouserie. Stress, coping strategies and job satisfaction in university academic staff, Educational Psychology: an International Journal of Experimental Educational Psychology, 16（1），49 - 56. ［J］. E. m. meijers Institute of Legal Studies Faculty of Law Leiden University, 2007, 28（1）：47 - 47.

③ Austin A E, Sorcinelli M D, Mcdaniels M. Understanding New Faculty Background, Aspirations, Challenges, and Growth ［M］The Scholarship of Teaching and Learning in Higher Education: An Evidence - Based Perspective. Springer Netherlands, 2007.

④ 孔令帅，赵芸．美国高校新教师发展的问题与策略［J］．外国教育研究，2016，v.43：No.311（5）：28 - 41.

⑤ 联合国教科文组织．变化中的教师作用［R］.1984.

⑥ 郭凌云．美国 PFF 项目对我国高校教师职前培养的启示［D］．广西师范大学，2010.

教学一边学习①。从结果上看，这些新教师入职教育帮助新教师解决一系列的问题，减轻了他们的焦虑感。

6. 关于青年教师在职培训的研究。美国高校教师将在职进修的权利交给了青年教师，但是从机制上对教师进修提高予以保障，包括经费保障、机构保障等。日本大学教师的教育形成了教师培养、考试录用、在职进修和资质评价一体化的完整的教师培训理念，教师进修分为三种：校外进修、校内进修、教师自我进修②。教师教育包含教师职前教育、入职培训和在职进修这三个连续的阶段。

7. 关于新教师社会化研究。新教师社会化，就是使新教师能在短期内适应教学岗位、迅速胜任教师角色的过程③。Veenman 在 1984 年曾从社会化过程分析初任教师如何适应教师角色、赋予自己信念并吸收别人信念等问题，他认为只有满足初任教师的安全、归属和自尊需要，才能顺利开展教学活动④。美国大学通过成立专职机构为教师提供服务，实行一系列的社会化活动，建立教师传习和指导网络等，积累了丰富的新教师社会化经验⑤。

2.2.2 国外大学青年教师专业发展研究

自 20 世纪 60 年代起，美国开始重视教师发展研究，也将教师发展作为解决高校存在问题的一种方法。关于青年教师专业发展的研究，主要集中在教学发展、专业发展、个人发展、专业发展项目和专业发展组织等方面。

（1）关于新教师的教学研究。教学是青年教师的一项重要工作职责。罗伯特·博伊斯（Robert Boice）在其著作《给大学新教员的建议》中为了更好地指导青年教师的教学，提出了教学法的八条规则⑥。斯蒂芬·M. 卡恩在其著作《从学生到学者：通往教授之路的指南》中提出了青年教师开展有效教学的建

---

① 刘明霞，李森. 国外新教师入职教育及其对我国的启示 [J]. 教师教育研究，2008，20（3）：77 - 80.

② 刘凤英. 基于学习型组织理论的高校教师培训与开发体系研究 [D]. 南京理工大学，2010.

③ 钱扑. 新教师成长的环境影响因素剖析——兼谈美国对新教师社会化问题的研究 [J]. 全球教育展望，2005，34（9）：19 - 23.

④ Veenman. S. Perceived Problems of Beginning Teachers. Review of Educational Research，1984，54（2）：143 - 178.

⑤ 武正营，汪霞. 美国大学新教师社会化的经验和启示 [J]. 黑龙江高教研究，2015（12）：63 - 65.

⑥ [美] 罗伯特·博伊斯著. 给大学新教员的建议 [M]. 许强，李思凡，译. 北京：北京大学出版社，2007：18 - 19.

议，包括程序性的教学指南、教学四要素以及教学中需要注意的问题等①。

（2）关于新教师的专业发展研究。美国高校十分重视青年教师的专业发展，一直致力于提升教师的教学、研究和公共服务能力。美国促进大学青年教师专业发展的方法有：专家咨询、多媒体教学技术培训与辅导、教师工作坊、奖励和资助等②。

（3）关于新教师的个人发展研究。在个人发展方面，美国高校也采取了一些行之有效的举措，如帮助青年教师理解相关制度和政策、支持和鼓励教师之间增加交流、实施教师辅导项目等。此外，学校还会给青年教师提供工作和生活平衡等方面的建议③。

（4）关于新教师专业发展项目研究。从 20 世纪 60 年代末 70 年代初发展到 20 世纪 90 年代，美国高校教师发展项目由开始推行进入普及化和制度化阶段④。针对新教师开展的主要培训项目有：入职适应项目、导师制项目、新教学和科研发展项目、在线专业发展项目和综合性指导项目（项目主要情况见表 2 – 3）。

表 2 – 3　美国新教师专业发展项目

项目类型	代表学校/项目	主要内容
新教师适应项目	明尼苏达大学、密歇根州立大学、马里兰大学、俄克拉荷马大学、西南密苏里州立大学等	帮助新教师熟悉学校、举行欢迎仪式、聚餐、举行研讨会和咨询服务、建立"教师工作坊"等
导师制项目	加州州立大学长滩分校、天普大学等	成对指导合作对象
新教师教学和科研发展项目	印第安纳大学伯明顿分校	设立鼓励金和奖金
在线专业发展项目	WIDE World、TAPPED IN、eMSS 等	网络进修课程
综合类指导项目	"TEAM 计划"	专业成长计划

1）新教师适应项目。明尼苏达大学新教师入职教育项目主要包括：帮助新

---

① ［美］斯蒂芬·M. 卡恩著. 从学生到学者：通往教授之路的指南［M］. 金津，喻惜，译. 上海：上海交通大学出版社，2011：57 – 59.

② 吴玉剑. 中美高校青年教师发展比较研究［D］. 南京师范大学，2014.

③ 郭丽君，吴庆华. 浅析美国高校新教师发展［J］. 高等教育研究，2012（7）：69 – 73.

④ Gaff J G, Simpson R D. Faculty development in the United States［J］. Innovative Higher Education, 1994, 18（3）：167 – 176.

教师熟悉学校环境、实行导师制、帮助新教师与其他教师建立联系、介绍学术文化等。密歇根州立大学的新教师聚会项目包括：举行聚餐会、校园参观等活动，专门设立新教师职业生涯早期项目等。马里兰大学的新教师适应项目包括：举行一天的适应活动，由学校领导介绍学校情况，召开相关方面的分组研讨会，各职能部门提供现场咨询服务①。俄克拉荷马大学新教师适应项目包括：组织自愿参与、持续半年的专业发展研讨会，每周举行午餐会和研讨会。西南密苏里州立大学开办为期一周的"促进教学工作坊"，以提升新任教师的教学水平和能力。俄克拉荷马州立大学的"教学卓越中心"专门举办专业发展集中型培训②。

2）导师制项目。加州州立大学长滩分校开展新教师指导项目，指导老师和被指导的新教师建立起每月一次交流的机制，并且由项目主任周期性地与相关教师进行讨论，从而进一步研究这种辅导关系。天普大学提供资深教师指导服务，资深教授和被指导教师通过协商制定目标和计划，从而加深新教师对学校及教学的了解。

3）新教师教学和科研发展项目。印第安纳大学设立杰出年轻教师奖项目，旨在鼓励新教师作为研究者的成长。杰出年轻教师奖每年支持五名教师进行深入科学研究活动。此外，学校还实施暑期教学培训奖学金以及院系教师发展资助金等其他奖励项目，激励年轻教师进行科学研究。

4）在线专业发展项目。教师在线专业发展通常指那些基于网络的、交互式的专业发展经历，既包括正式机构开发的专业发展项目，如 WIDE World、TAP-PEDIN、eMSS，也包括各种非正式专业发展环境，以 eMSS（http：//emss. nsta. org/）为例，该项目以其灵活的、方便的优势，使新教师和导师可以打破时间和空间的限制，通过登录网络参与广泛的讨论和研究活动③。

5）综合类指导项目。具有代表性的是美国康涅狄格州开展的"TEAM 计划"，即"教师教育与指导计划"。该计划围绕创设课堂环境、教学计划、教学实施、学生学习评价及专业责任等五个成长模块给新教师提供支持和帮助。评审委员会最终经过评估给成功完成五个模块的新教师颁发临时教师资格证④。

（5）关于新教师专业发展组织研究。国外很多国家都成立了针对新教师专

① 吴庆华. 地方高校青年教师发展研究［D］. 华中科技大学，2013.
② 刘睿，杨春梅. 美国高校新任教师发展研究［J］. 中国青年政治学院学报，2014（2）：137 – 140.
③ 郑晓川. 美国新教师在线专业发展的 eMSS 项目研究［D］. 西南大学，2011.
④ 杨艳梅. 美国新任教师专业发展的新尝试——康涅狄格州"TEAM 计划"评析［J］. 当代教育科学，2010（19）：28 – 30.

业发展的组织。选取美国和英国为代表，其新教师专业发展组织见表 2 - 4。

表 2 - 4 新教师专业发展组织

组织机构	美国	英国
高校内部	密歇根大学学习和教学中心、哈佛大学的"新教师学会"、德州农工大学的有效教学中心	教师发展中心
专业协会	全国教育协会（NEA）、美国教师联盟（AFT）、全美科学教师协会（NSTS）、全美数学教师委员会（NCTM）	高校教师与高等教育发展协会、教师教育大学委员会
外部基金会	私人基金会、联邦政府基金会	——
政府组织	——	英格兰高等教育拨款委员会、高等教育学会

在美国，组织机构主要分为三个层次：一是高校；二是全国范围内的专业协会；三是外部的基金会。美国高校的教师专业发展组织逐渐发挥着越来越重要的作用。教师专业组织是解决教育难题的仲裁机构，是凝聚教育智慧的智囊团，是实现个体教师个性化发展的重要平台①。外部基金会是美国高校教师发展的重要支持机构，既提供经费方面的支持，还提出一些申请资助项目的审批要求、检查评估等，以此来影响高校教师发展的活动内容和方向②。

在英国，高校教师发展体系机构包括由教育部牵头成立的政府组织机构、由民间自发设立的中介组织机构和各高校内部建立的校本组织机构。政府组织主要为高校教师发展制定相应的法律法规，起政策引领作用，提供经费支持以及监督和评价。中介组织机构多以协会的形式成立，主要促进高校教师发展工作的经验交流、理论研究以及实践等。校本组织是教师发展活动中最终端且最为重要的实施机构，即各个院校内的教学发展中心③。

2.2.3 国内大学青年教师研究

在中国知网 CNKI 上以大学青年教师为研究对象的文献共有 3 567 篇（时间

---

① 朱宛霞. 美国教师专业组织在教师专业发展历程中的策略分析［J］. 外国中小学教育, 2009 (4)：50 - 52.

② 郭丽君, 吴庆华. 浅析美国高校新教师发展［J］. 高等教育研究, 2012 (7)：69 - 73.

③ 李俐. 英国高校教师发展［D］. 西南大学, 2013.

断限为 2000—2016 年），其中期刊文章 3 289 篇，博士论文 2 篇，优秀硕士论文 168 篇，其他各类文献 108 篇。从已有的研究成果看，国内对大学青年教师的研究主要围绕着大学青年教师的教学发展、师德、思想政治教育、身体与心理健康、激励机制、职业幸福感、专业发展等方面开展。

（1）大学青年教师教学发展问题研究，主要是从大学青年教师教学能力的培养与提高等角度进行研究的。赵菊珊和马建离对大学青年教师培养的现状进行了详细分析，探讨了"青年教师教学竞赛"对青年教师教学能力培养的重要作用①。倪蓓和王从思从青年教师角色的转变、高校岗前培训与培养、教师的语言表达能力、教学与科研的关系等方面论述了青年教师提高教学能力的方法。童婧通过考察湖南五所大学青年教师教学能力培养的现状，从个人、学校和社会层面对影响教学能力提升的主要原因进行了分析，结合美国、加拿大和英国的经验提出了启示与对策②。

（2）大学青年教师师德教育研究，主要研究内容包括当前大学青年教师师德存在的问题及其对策。陈喜玲认为，当前部分青年教师存在行为不规范、责任感较差等问题，应加强青年教师的思想政治工作和相关法规建设，建立相互配套、相互制约的管理机制③。葛晨光针对大学青年教师师德方面存在的问题，提出应注重培养教育，严格师资管理，强化考评监督，优化内外环境④。

（3）大学青年教师思想政治教育研究，主要研究内容是当前形势下大学青年教师思想政治教育的主要问题及解决策略。当前大学青年教师在思想政治方面存在政治思想素质水平不高、重科研轻教学、重教书轻育人、个性化强、价值取向多元化等一系列问题。沈履平认为，应当建立激励机制，提高青年教师的政治理论水平⑤。田朝晖和张美珍认为，加强青年教师思想政治教育，主要方式有：管理体制创新、教育方式和方法创新、教育载体创新、强化教育的服务功能等⑥。

---

① 赵菊珊，马建离. 高校青年教师教学能力培养与教学竞赛［J］. 中国大学教学，2008（1）：58 – 61.

② 童婧. 高校青年教师教学能力培养研究［D］. 中南大学，2007.

③ 陈喜玲. 高校青年教师职业道德现状及对策研究［J］. 教育与职业，2006（23）：60 – 61.

④ 葛晨光. 新形势下高校青年教师师德存在的问题与对策［J］. 黑龙江高教研究，2009（2）：87 – 89.

⑤ 沈履平. 加强高校青年教师思想政治工作的思考［J］. 学校党建与思想教育，2007（5）：56 – 58.

⑥ 田朝晖，张美珍. 加强高校青年教师思想政治教育实效性的途径［J］. 人力资源管理，2010（5）：95 – 96.

周涛在其研究中提出四个对策：加强和改进工作原则、充实工作内容、完善教育机制、加强专业队伍建设等①。

（4）大学青年教师身体和心理健康问题研究，主要是从医学和心理学的角度进行分析。朱丽等人在研究中发现，高校教师亚健康危险年龄段是在30～40岁之间；亚健康状态的危险因素包括工作心情不愉快、工作时间较长、缺乏适量的体育运动②。沈绮云提出大学青年教师职业压力源包括七个维度：评价与考核、教学与管理、学术科研、晋升、个人发展、人际关系和社会影响③。

（5）大学青年教师激励机制研究，主要是从大学青年教师的需求角度进行探讨。张洁在《论我国大学青年教师激励管理——以双因素理论为视角》中提出一系列激励措施，包括实施最低年薪制、解决住房保障问题、建立发展性评价制度、完善职业生涯规划体制和工作丰富化④。刘爱华和梅方青分别对交易型和关系型交易激励策略的内容进行了具体分析⑤。

（6）大学青年教师职业幸福感和职业倦怠研究，主要针对影响职业幸福感和职业倦怠的相关因素进行分析，进而提出相应的解决策略。马秀敏以幸福感理论为基础，通过问卷对大学青年教师教师职业、福利待遇、人际关系、工作效果、工作环境和身体健康进行了调查⑥。刘东霞借鉴教育生态学的理论，提出科研、身份、经济是影响大学青年教师职业幸福感的三大因子⑦。

2.2.4　国内大学青年教师专业发展研究

国内对大学青年教师专业发展的研究主要围绕着青年教师专业发展的内涵研究、发展阶段研究、影响因素研究、促进青年教师发展的有效途径研究等方面进行。

---

① 周涛. 高校青年教师思想政治工作的现状及对策研究［D］. 重庆工商大学，2012.

② 朱丽，王声湧，范存欣，肖永杰，欧传峰. 高校青年教师亚健康危险因素 Logistic 回归分析［J］. 中国公共卫生，2003（5）：595－596.

③ 沈绮云. 高校青年教师职业压力及对策研究［D］. 南昌大学，2007.

④ 张洁. 论我国高校青年教师激励管理——以双因素理论为视角［J］. 黑龙江高教研究，2007（12）：89－91.

⑤ 刘爱华，梅方青. 基于心理契约的高校青年教师激励策略研究［J］. 理论月刊，2010（1）：186－188.

⑥ 马秀敏. 高校青年教师职业幸福感的调查研究［D］. 辽宁师范大学，2010.

⑦ 刘东霞，王芳. 基于教师职业幸福感视角的高校青年教师职业生态研究［J］. 新余学院学报，2013（5）：123－125.

（1）大学青年教师专业发展内涵研究。关于大学青年教师专业发展的内涵，代表性观点是林杰提出的：大学教师发展是帮助教师实现专业成长和个性发展，特别是帮助青年教师实现从新教师到成熟教师的转变，使青年教师成为其专业领域的熟练人员①。

（2）大学青年教师专业发展阶段研究。对大学青年教师专业发展阶段的划分，大部分学者划分为三个阶段。蒋赟认为青年教师的成长要经历适应期、成长期、成熟期。王璇、李志峰、郭才认为青年教师发展经历适应生存期、能力建构期、稳定成长期②。

（3）大学青年教师专业发展影响因素研究。在现有的研究中，学者们普遍将影响大学青年教师专业发展的因素归为外部和内部两方面因素。外部因素主要是指社会、学校等方面的原因，内部因素主要是指教师自身和家庭的原因。张静指出，外部环境欠缺、工作压力与教师自身能动性等因素是制约大学青年教师专业发展的主要因素③。

（4）大学青年教师专业发展的促进途径研究。促进大学青年教师专业发展，一方面教师要加强学习，不断提高教学和科研工作的水平。另一方面，国家和学校要建立适合教师专业发展的有效机制。蒋赟认为，在自身发展上，青年教师应通过行动学习、教学反思、团队研究和学术交流四个重要途径，实现自身专业发展④。马志玲认为，在激励机制上，国家应制定促进教师专业发展的激励政策；学校应积极开展激励教师发展的专业性活动⑤。欧本谷提出，在评价机制上，应建立周期性评价活动机制，评价主体要多元化，评价标准要个性化，评价过程要建立安全机制，专业发展要建立导向激励机制等⑥。

此外，学者们还对大学青年教师的教学能力、专业培训、职业认同、专业伦理等多方面内容分别进行了研究。

---

① 林杰. 大学教师专业发展的内涵与策略［J］. 大学教育科学，2006（1）：56 – 74.
② 王璇，李志峰，郭才. 高校青年教师发展阶段论［J］. 高等教育评论，2013（0）：110 – 122.
③ 张静. 高校青年教师专业发展制约因素研究［J］. 长江大学学报（社科版），2014，37（7）：169 – 171.
④ 蒋赟. 高校青年教师专业发展的内涵与途径探析［J］. 文教资料，2008（12）：164 – 166.
⑤ 马志玲. 教师专业发展激励机制研究［D］. 首都师范大学，2006.
⑥ 欧本谷. 论促进教师专业发展的评价机制［J］. 中国教育学刊，2004（7）：50 – 52.

2.3　国内外大学教师专业发展的影响因素研究

2.3.1　国外大学教师专业发展的影响因素研究

国外对于教师专业发展影响因素的研究是结合教师专业发展的阶段开展的。教师处于不同的发展阶段，因其个体特征和所处的环境均会发生不同的变化，会具有不同的发展需求，各影响因素作用于处于不同发展阶段教师会产生不同的效果。国外关于教师发展影响因素研究的代表人物是费斯勒（Fessler）和格拉特霍恩（A. Glatthorn）。

费斯勒将影响教师专业发展的因素归为个人环境因素和组织环境因素两大类。个人环境因素包括：家庭因素、积极的关键事件、危机、个人性情、兴趣爱好和生命阶段；组织环境因素包括：学校规章制度、管理风格、公共信任、社会期望、专业发展组织和教师协会[①]。

格拉特霍恩将影响教师专业发展的因素归为个人因素、与教师工作生活相关的因素、促进教师发展的特殊性介入活动等三个方面。个人因素包括：认知发展、生涯发展、动机发展；与教师工作生活相关的因素包括：社会与社区、学校系统、学校、教学小组或院系、课堂；第三个方面是促进教师发展的特殊介入活动因素[②]。

2.3.2　国内大学教师专业发展的影响因素研究

国内对于大学教师专业发展影响因素的研究也经历了由零散研究到系统研究、由表象研究到深入研究的过程，研究范围逐步扩展，研究内容不断深化。

赵昌木认为教师成长的影响因素包括外部因素和教师内在心理因素两方面。外部因素的影响是主要的，如社会因素、家庭因素和无法预料的偶然事件等外部环境因素。具体的外部条件指国家教育政策、学校管理和氛围、教师文化等。同时，教师自身因素对教师成长影响也较大，具体包括教师的认知能力、师德状

---

①　Ralph Fesssler & Judith C. Christensen. 教师职业生涯周期——教师专业发展指导［M］. 董丽敏，高耀明等，译. 北京：中国轻工业出版社，2005 年. 转引自郝敏宁：影响教师专业发展的因素分析［D］，陕西师范大学，2007.

②　杨秀梅. 费斯勒与格拉特霍恩的教师专业发展影响因素论述评［J］. 外国教育研究，2001（5）：36－37.

况、人际交往能力、自我评价以及职业发展动机等①。

王坤认为社会生态环境是影响教师专业发展的重要因素，包括微观、中观和宏观三个系统。三个系统组成一个有机的复合系统，具有整体性、动态性和情境性的特点。微观系统主要指教师在即时情境下的个人环境因素，由知、情、意、行四个要素组成；中观系统主要指与教师相关的小规模群体，要素是学校，包括学校的规章制度、学校的专业组织、学校的管理风格、公共信任以及社会对学校的期望等；宏观系统主要指与教师发展有间接关系的教育行政机构、教育制度、教育习俗和文化等②。

吴捷认为教师的专业成长是内在因素和外在因素共同作用的结果。外在因素包括社会环境、工作环境、职后培训以及教育教学活动中的特定事件等，外在因素源于社会进步和教育发展。内在因素源于教师的自我角色愿望、需要及实践和追求，包括职业精神和理想、自主意识和能力以及研究案例、善于借鉴等③。

赵苗苗认为教师的专业成长受内、外部两方面环境的影响。内部环境主要是自身因素，包括教师专业心理、知识观、知识管理能力等；外部因素主要是教育经济制度及政策法规、上级领导的态度、教师间的合作关系等④。

李宜江认为影响教师专业发展的因素很多，且影响的作用较复杂，将影响因素按来源分为外在因素和内在因素。与教师个体相独立的、没有直接联系的因素是外在因素，包括社会因素、学校因素和家庭因素等。内在因素是指与教师个体直接联系的因素，包括教师的工作对象、专业知识、专业能力以及专业态度等⑤。

刘洁认为，影响教师专业发展的因素来自社会、学校、家庭和个人三个层面。社会因素包括教师的社会地位、教师职业的吸引力、教师职业资格制度以及教师评价与培训制度等；学校因素包括校长的引领、合作性的教师文化和民主管理制度的保障等；个人因素包括个人的家庭因素及其专业发展结构因素⑥。

教师专业发展是一个连续的、动态的、贯穿于教师职业生涯始终的过程。教师专业发展受到来自教师主体和工作环境以及社会环境各方面因素的影响。教师专业发展影响因素的研究是教师专业发展的结构、阶段研究，尤其是教师专业发

---

① 赵昌木. 教师成长研究 [D]. 西北师范大学, 2003.

② 王坤. 教师专业发展的社会生态环境及其构成 [J]. 贵州社会科学, 2014 (6)：129 – 131.

③ 吴捷. 教师专业成长过程及其影响因素研究 [J]. 教育探索, 2004 (10)：117 – 119.

④ 赵苗苗. 教师专业成长影响因素分析 [J]. 晋中学院学报, 2008, 25 (2)：113 – 115.

⑤ 李宜江. 教师专业发展的内在限度与实践突破 [J]. 教育发展研究, 2010 (z2)：117 – 121.

⑥ 刘洁. 试析影响教师专业发展的基本因素 [J]. 东北师范大学学报, 2004 (6)：15 – 22.

展促进研究的重要前提和有效依据。

2.4　文献评述

　　本章在较为全面地梳理国内外大学教师专业发展研究成果的基础上，对大学青年教师有关研究、大学教师专业发展影响因素研究情况进行了综述，较为全面地反映了这一研究领域的进展和状况。

　　在学术界，国内外研究者对教师专业发展问题的关注和研究由来已久，学者们和实践者们对教师专业发展进行了深入的研究，形成了比较丰富的研究成果。本章对大学教师专业发展研究的主要文献进行了梳理，将众多研究成果归为"发展内涵"研究、"发展结构"研究和"发展阶段"研究三类。"发展内涵"研究主要是解决什么是大学教师专业发展的问题，目的是对大学教师专业发展的特征进行分析；"发展结构"研究主要是解决发展什么的问题，目的是对大学教师专业发展的主要内容进行分析；"发展阶段"研究主要是解决怎样发展的问题，目的是对大学教师专业发展的阶段性特征进行分析。

　　本章对大学青年教师专业发展的国内外相关研究进行了综述。大学青年教师是大学教师队伍中的一支重要力量，其专业发展的概念内涵和大学教师专业发展的概念内涵应该是一致的。大学青年教师专业发展同样具有系统性和复杂性。本部分中教师专业发展的概念和内涵、教师专业发展的结构、教师专业发展的阶段等研究都对青年教师的专业发展研究具有重要指导和参考意义。大学青年教师专业发展指大学青年教师教学、科研和社会服务等学术能力的提升和个人自我价值的实现。

　　大学青年教师的专业发展在其角色发展的过程中承担着更为重要的作用。大学青年教师通过系统的专业学习获得了专业化的知识和技能，并在入职后形成了专业的价值观、规范等行为规则。他们在任职初期形成的工作态度、习惯和价值体系不仅将影响他们的整个职业生涯，而且其发展的状态对学生的成长、对学校可持续的发展将产生直接的影响。同时，我们也看到大学青年教师处于职业生涯的初期，这一年龄阶段的教师与其他年龄阶段的教师在心理特征、情感、认知、教学特征等方面具有明显的不同。借鉴职业生涯发展阶段理论，只有认识青年阶段教师的职业生涯规律，更好地理解其所处的职业生涯特点，才能更好地把握青年教师的专业发展方向、做好职业生涯规划。

2.4.1　对现有研究的评价

（1）我国对于大学教师专业发展及其影响因素的研究经历了由零散研究到系统研究、由表象研究到深入研究的过程，研究范围逐步扩展，研究内容不断深化。对于影响因素维度的研究，学者们取得了基本一致的意见，即认为影响大学青年教师专业发展的因素主要有外部因素和内部因素两个方面。外部因素主要是指社会、学校等方面的原因，内部因素主要是指教师自身和家庭的原因。不过研究者们强调的因素各不相同，有的强调个体内部因素的影响，有的强调外部环境因素的影响，还有的强调内外部因素综合作用的影响。从研究视角看，个体视角多，综合视角少。

（2）现有研究对"大学教师专业发展具有系统性和复杂性"已达成一致的认识。大学教师专业发展的关注点由关注教师自身发展到关注教师自身及影响其发展的组织环境的阶段，这体现了大学教师专业发展研究所具有的系统性。大学教师专业发展的复杂性，一方面是指大学教师的知识结构体系、专业能力、态度和动机等具有复杂性；另一方面是指教师的教学、科研等学术工作具有复杂性，教师的教育对象——学生也具有人的复杂性。

大学青年教师具有较高的学历、开阔的视野、积极的思维、较好的学习能力和较高的职业素养，通常渴望得到他人的认同与尊重，而且注重他人、组织、团队和社会的评价。影响大学青年教师专业发展的影响因素，一定是多维的因素，各个维度之间相互独立又相互依存。研究大学青年教师专业发展的影响因素，一定要树立起系统和综合的研究视角。

2.4.2　现有研究存在的主要不足

（1）国内关于教师专业发展的研究已经涉及各主要方面，关于教师专业发展的研究取得了众多的研究成果，但是对教师专业发展的影响因素研究仍缺乏深入性和精准性。本研究主要对大学青年教师专业发展影响因素的作用进行了精准性研究，针对不同青年教师群体进行了影响因素作用的重要性分析。

（2）在现有的研究中，对大学青年教师的主体关注度也不够。在整个社会大背景中，大学青年教师扮演的角色是多重的，对此最具概括性的是学者王卫东所说的："近几年来，我国学者对当前教师角色的概括包括终身学习的示范者、学生学习的指导和合作者、学生心理健康的辅导者、校本课程的建构者、教育学的研究者、教育知识的组织者、职业生涯的自我规划者与开发者、教学过程中的对话者"①。可见，大学教师的角色包括自我发展、学生发展和社会发展等多重要求。对大学教师尤其是大学青年教师的关注和研究对于促进学生发展、教学发展和学校发展具有重要意义，在未来的研究中应给予充分的重视。

（3）大多数研究者都是从教师个人发展的研究视角出发的，而影响教师专业发展的因素多，且影响的作用较为复杂。目前，还缺乏从社会、学校以及个体的各个方面来综合开展影响因素研究的成果，对于各个层面影响因素作用程度的研究也很缺乏。

（4）从现有关于大学青年教师专业发展的研究群体来看，高等教育学背景方面的研究人员对青年教师专业发展的研究较多，而将大学青年教师作为知识工作者，将大学教师的职业作为专门职业，从青年教师的成长、发展等人力资源开发的视角来研究大学青年教师群体专业发展的研究较少。

（5）从研究方法看，理论研究多，实证研究少。现有研究在研究方法上普遍采用"逻辑思辨研究""比较研究""实证研究"等方法，整体上看，现有研究重思辨轻实证。逻辑思辨的方法在任何研究中都是必要的，是实证研究的重要基础。但是，目前我国关于大学教师专业发展研究在理论研究和实证研究方面都存在欠缺，对此，尤其应加强实证研究，关注我国不同类型高校、不同职称以及不同教龄的大学教师专业发展的状况和主要特征，探索促进大学青年教师专业发展影响因素的主要维度、开发大学青年教师专业发展水平评价工具等。

总的来说，对大学教师专业发展影响因素的专门研究成果较少，大多数关于影响因素的研究是结合大学教师专业发展研究开展的，我国教师专业发展影响因素的研究还未得到充分的重视，所取得的研究成果和国外相关研究成果相比还存在着一定的差距，在研究的广泛性、深入性和精准性上有待进一步加强，在研究的范式和方法上都应该学习和借鉴国内外相关研究的经验。

本研究将借鉴现有的国内外相关研究成果，针对研究存在的问题，以促进大学青年教师的专业发展为目标，系统和精准地分析大学青年教师专业发展的影响因素，并对大学青年教师的专业发展影响因素模型展开实证研究，分析大学青年教师群体的专业发展状况，从开发大学青年教师人力资源、激励大学青年教师专业发展的视角，有针对性地提出促进大学青年教师专业发展的政策建议。下一章将开始对大学青年教师专业发展的特点、影响因素结构、影响因素的作用及具体的影响因素测度指标展开理论研究。

---

① 王卫东．教师专业发展：尚待深入研究的若干问题［J］．教育导刊，2007（8）：4－7．

第3章 大学青年教师专业发展影响
因素及其结构的理论分析

探究教师专业发展的影响因素是促进教师专业发展的重要前提和依据。本章以大学青年教师专业发展的特点分析为逻辑起点，对大学青年教师专业发展影响因素结构和影响因素进行理论研究。借鉴生物生态系统理论的研究框架，提出了大学青年教师专业发展影响因素是一个多维度的互相作用的体系。将大学青年教师专业发展影响因素归纳为社会环境、工作场所和个体层面三大类因素，构建起本书对影响因素研究的整体结构框架。从大学青年教师专业发展的大的视阈出发，分析青年教师群体所处的社会环境、工作场所和个体特征，从外而内地逐层深入分析和研究影响青年教师专业发展的因素，逐步探究研究主体——大学青年教师专业发展影响因素，呈现出各影响因素对青年教师发展的作用。

3.1 大学青年教师专业发展的特点分析

对大学青年教师专业发展影响因素的研究，应充分考虑大学青年教师的总体分布情况及其特点。对大学青年教师的发展特点、发展困惑和发展需求的多维分析，有助于深入剖析并掌握由大学青年教师特点所引发的专业发展的特性。明确大学青年教师专业发展的特点，是大学青年教师专业发展影响因素研究的逻辑起点。

3.1.1 大学青年教师的总量分布

高等教育大众化的发展促使大学教师队伍出现了青年教师"峰值"。随着中国高等教育从精英化进入大众化阶段，学生数量不断增加，各高校的办学规模不断扩大，高校师资队伍的短缺成为制约学校发展的瓶颈。因此，各高校大量引进青年教师，同时老教师退出教学岗位，也使教师队伍进一步年轻化，高校已经出现了青年教师"峰值"。2000 年普通高等学校专任教师56.28 万人，其中 40 岁以下的教师31.35 万人，占55.70%；2005 年普通高等学校专任教师96.58 万人，其中 40 岁以下教师62.99 万人，占65.22%；2010 年普通高等学校专任教师

135.31 万人，其中 40 岁以下教师 84.33 万人，占 62.32%；2015 年普通高等学校专任教师 157.26 万人，其中 40 岁以下教师 87.87 万人，占 55.88%。2015 年 40 岁以下青年教师数量同比 2000 年青年教师数量增长了近两倍。从 2000 年、2005 年、2010 年和 2015 年青年教师占专任教师的比例看，其所占到的比例都在 55% 以上。参见表 3 - 1。

大学青年教师队伍中，青年教师集中在中级职称和初级职称的水平，具有副高级和正高级等高级职称的青年教师人数比例较小，且女教师人数多于男教师。从 2015 年的有关数据（见表 3 - 1）来看，普通高等学校共有青年教师 87.87 万人。在青年教师队伍中，从职称指标看，具有正高级职称的人数仅占 1.18% 的比例，具有副高级职称的人数占 14.5% 的比例，具有中级职称的人数占 53.67% 的比例，具有初级职称的人数占 20.55% 的比例，未定职级的人数占 10.1% 的比例。从性别指标看，女教师共有 488 037 人，占青年教师总体的比例为 63.83%。

表 3 - 1　2015 年普通高校专任教师年龄情况

	专任教师人数	其中：40 岁以上教师人数	其中：40 岁以下教师人数
总计	1 572 565	693 867	878 698
其中：女	764 577	276 540	488 037
正高级	196 038	185 682	103 56
副高级	462 825	335 434	127 391
中级	627 635	156 016	471 619
初级	191 774	11 227	180 547
未定职级	94 293	5 452	88 785

资料来源：教育部网站 2015 年教育统计数据。

3.1.2　大学青年教师专业发展的多维特点

3.1.2.1　大学青年教师专业发展具有自主性、阶段性和复杂性

（1）青年教师专业发展的自主性。青年教师自主发展的理念，强调青年教师在专业发展中的主体地位，以提高青年教师在发展中的自觉性和主动性。青年教师的专业成长很大程度上受到其所处学校和社会环境的影响，但更重要的影响来自自身对发展的态度和努力的程度。青年教师对于新环境、新问题、新规律、新思想的适应和把握能力更强。青年教师的自主发展建立在对教师职业的认同基础上，青年教师具有较强的职业认同，从内心深处对教师职业具有正确的价值认

识和积极的情感态度，会自觉主动地提升自身的专业发展，积极应对教育教学过程中所遇到的各种困难和挫折。

（2）青年教师专业发展的阶段性。大学青年教师正处于职业生涯的初期，这一年龄阶段的教师与其他年龄阶段的教师在心理特征、情感、认知、教学特征等方面具有明显的不同。借鉴教师专业发展阶段理论，青年教师处于预备生涯阶段到专家生涯阶段、适应期到成长期、成熟期的转变过程。认识青年阶段教师的职业生涯规律，能够更好地理解其所处的职业生涯特点，从而能够更好地把握青年教师的专业发展方向、做好职业生涯规划。

（3）青年教师专业发展的复杂性。大学青年教师专业发展包括青年教师在教学、科研和社会服务等学术活动中能力的提升，同时包括青年教师个人自我价值的实现。大学青年教师主要从事的是人才培养和科学研究工作，主要工作内容是知识的创造和传授。无论是人才培养还是科学研究工作，对青年教师的智力水平和非智力水平的要求都非常高。而青年教师人才培养的质量和水平，不能够直接反映在学生的成绩和素质方面；同时，科学研究的水平和成效，也需要较长时间和周期的检验。这就决定了青年教师工作的复杂性，也决定了青年教师的专业发展过程不会是简单地按年龄递进并呈直线上升态势的发展过程，而是由青年教师主体内外复杂的制约要素共同产生影响，呈现出阶段性上升的发展过程。

3.1.2.2　大学青年教师的专业发展受教育信息化和国际化发展的影响

（1）教育信息化为教育领域带来了最为显著的变革。教育信息化具有开放、共享、交互、协作的显著特征，教育信息化对教育现代化的发展具有重要的促进作用，信息技术给传统教育模式带来了重大改变。可以说，教育信息化的快速发展，给教育形式、教育方式带来了重大的变革，最根本的改革是教育理念及教学方法的改革。对于大学青年教师的专业发展来说，高等教育信息化带来了一系列的要求，教师要将信息化技术在教学课程中充分地加以使用。教育信息化使大学青年教师开展教学、科研工作的环境和手段发生了重要的改变。提高大学青年教师的专业化发展，必须要将信息化的教育理念、教学方法应用于大学青年教师的教学过程，促使大学青年教师探索、学习并应用现代教育技术，提高教学效果。

（2）高等教育国际化为大学青年教师专业发展营造了积极的环境。高等教育国际化越来越受到政府和高等教育界的重视，越来越多的大学将国际化作为办学理念和强校战略，将建设世界一流大学作为办学目标和奋斗方向。2015年底，国务院颁布《统筹推进世界一流大学和一流学科建设总体方案》中设定的主要工作目标为："到本世纪中叶，建成高等教育强国"。"双一流"建设包括了此前实施的"985 工程""211 工程""优势学科创新平台""特色重点学科项目"等，大学青年教师的专业发展势必受到高等教育国际化发展的影响。在"双一流"建设的大环境下，要不断提高大学青年教师的国际化视野、国际化教育教学方法，促使大学青年教师将自身发展与大学国际化发展的需求相结合。

3.1.2.3　大学青年教师承担着高校立德树人的主要任务

习近平总书记在全国高校思想政治工作会议上强调立德树人是高校的立身之本。教学是大学的中心工作，青年教师普遍承担了较为繁重的教学任务。全国范围内关于大学青年教师发展状况较为全面的调查是由廉思教授课题组于 2011 年开展的。该课题组面向北京、上海、西安、武汉、广州五地进行了抽样调查，调查共发放问卷 5 400 份，回收有效问卷 5 138 份。对于大学青年教师教学和科研的状况调查显示，周课时在 11 课时及以上的达到了 23.6%，周课时集中在 6 ~ 10 课时的达到了 44.1% 的比例，周课时在 5 课时及以下的为 32.3%。相对于教学时间的投入，青年教师对科研的投入不够。对于投入科研的时间，认为不太够用的占 50.4%，认为很不够用的占 27.7%，认为基本够用的只占 20.5%，认为完全够用的仅占 0.4%。从科研论文发表的数量看，也存在整体数量少、核心期刊少、国外期刊少的状况[1]。在教学方面，青年教师具有以下特点。

第一，成长和从业环境带来了青年教师教育理念的革新性。大学青年教师是在国家改革开放、市场经济改革不断深入、政治稳定、高等教育大众化及国际化发展的时代背景下成长起来的。当今，第三次产业革命即将到来的呼声此起彼伏，人类已经进入到"样本即全部"的"大数据时代"，高等教育"去行政化"改革、建立现代大学制度等高等教育改革不断推向深入。具有如此成长背景和从业环境的大学青年教师，大数据、"云"思想和高教改革必将引领其具有革新性的教育理念。

第二，思想开放、视野开阔带来了青年教师教育思路的前沿性。大学青年教师具有鲜明的个性特征，思想活跃而开放，或者具有海外留学经历，或者在攻读博士学位期间到海外高校进行交流学习，从而具备了开阔的国际视野。黄洪基[2]（2009）等在其对"80 后"研究文献的综述过程中阐明了"80 后"具有的十大特征，其中包括：价值观上表现出强烈的个体性，注重个性的自我完成，注重自

---

[1]　廉思. 工蜂：大学青年教师生存实录［M］. 北京：中信出版社，2012.
[2]　黄洪基，邓蕾，陈宁，陆烨. 对一代人的透视与研究——关于"80 后"的研究文献综述［J］. 中国青年研究，2009（7）.

我感受；接受新事物的意识和能力非常强，传统的"尊重长辈"概念受到挑战；具有开阔的国际视野等。表现在工作中，大学青年教师的思维更加活跃，注重对学生的公平对待，注重激发学生的创新精神和合作能力的培养，更加关注国际前沿的理论和研究状况，主动加强和不同学科教师的联系，跨学科研究问题的能力较强。

第三，学历层次高、素质能力强带来了青年教师教育内容的创新性。陈建香等①（2010）指出：高校大学青年教师在工作中继续攻读硕士、博士学位的比例较大，用于学习知识的时间也较其他"80后"群体更多。高校招聘教师的"门槛"也普遍提高到具有博士学位甚至是海外学习经历，这都带来了青年教师学历层次的提升和素质能力的增强。体现在教育内容上，大学青年教师少有"照本宣科"，他们更加注重知识体系和知识点的讲授，注重将课堂教学内容转化为学生的学习研究能力和思维方法、技巧，注重激发学生的学习潜能。

第四，沟通方式现代化带来了青年教师教育方法和手段的有效性。大学青年教师与大学生的年龄相仿，与学生有共同的成长环境和"语言"表达方式，他们一改"高高在上"的姿态，和学生平等进行交流。他们接受新鲜事物快，注重将多媒体教学网络、现代化的教学技术运用到工作中，更有利于实现和学生的有效沟通。

3.1.2.4　大学青年教师的发展困惑

大学青年教师多出生在我国开始严格贯彻计划生育基本国策的时期，成长过程中家庭格局呈现"4+2+1"的倒三角格局，成长的背景和环境使得这一群体普遍具有以下的劣势：第一是以自我为中心，缺乏洞察力。许多大学青年教师一贯的我行我素，不在意别人的评价和看法，对自己不在意的事情特别冷漠，对在意的事情热衷程度又很高，关注自身需求高于关注周围人的需求，这导致了对周围人的情绪状况、思维状况不能去主动了解，缺乏对人和事务的洞察力。第二是刻板遵守规则，缺乏情绪控制能力。高萍（2009）对150名在校"80后"和150名职场"80后"开展了问卷调查，分析结果表明："80后"重视自由、喜欢按照自己的意愿行事，对硬性管理的认同度较低，具有强烈的成就动机②。"80后"遵从制度和规则，但是变通能力差。当他们和学校管理机构、学院管理机构或者学生发生抵触或冲突时，缺乏情绪控制能力。第三是缺乏判断力，缺少社会经

---

① 陈建香，樊泽民，刘仕博．高校"80后"青年教师群体师德特征管窥［J］．北京教育，2010（11）：32 – 34.

② 高萍．80后个性特征及管理策略研究［D］．大连海事大学，2009.

验。由于大学青年教师较少遇到挫折和困难，积累的人生经验和阅历不够丰富，当面对思维更加活跃、各种突发状况频出的大学生时，其反应能力和判断力不够迅速和准确，显得社会经验匮乏。第四是职称等级低，缺少学术话语权。大学青年教师博士毕业获得"讲师"职称，至少工作三年并符合"副教授"职称评定的一系列条件后方可参评"副教授"职称。在职称评聘过程中，还会受到按资排辈等原因的影响。职称等级低等原因影响了大学青年教师高级别课题申请等学术活动的参与机会，在学术话语权方面也容易受到冷落和忽视。

3.1.2.5　大学青年教师的发展需求

大学青年教师的年龄特点和职业特征决定了这一群体的职业需求特点。张祥永等（2012）根据马斯洛的需求层次理论分析，大学青年教师的需求包括物质需求、社交和情感需求、知识需求、成长需求和尊重需求[①]。

第一是物质需求。住房、医疗、子女教育等是大学青年教师所承担的主要物质压力。在高等教育资源最为集中的北京地区，房价节节攀升。在无父母资助的情况下，购买住房远远超出了他们的承受能力，即使是租住房，费用也占据了工资收入的近一半水平，住房问题已经成为影响青年教师物质生活的主要问题之一。医疗资源尤其是优质医疗资源的缺乏，导致"一号难求"、医患矛盾紧张、大学青年教师的医疗保障不能够落到实处等问题。大学青年教师教学科研工作压力大，又非常注重子女教育的质量，往往会借助早教机构、英语、奥数等盈利性培训机构的力量来培养子女。处于"上有老、下有小"的青年一代，"不啃老"就是名副其实的"月光族"，甚至处于入不敷出的状况。

第二是社交和情感需求。大学青年教师更加注重和领导的关系融洽，和同事间的相处顺畅，希望自己的工作得到领导认可，希望自己的教学得到学生的认可。大学青年教师有更高的社交和情感需求，却欠缺一定的处理好复杂人际关系的能力。

第三是知识需求。大学青年教师普遍已经具有较好的专业基础和知识体系，他们对广博的知识尤其是专业知识的渴求依然热情不减。他们需要利用参加学术会议尤其是高级别的国际会议、出国访问深造、教学科研以及参加社会实践等机会，不断完善和充实现有的知识体系。

第四是成长需求。学生的成长需要关注，大学青年教师的成长同样需要关注。这一群体注重自身的职业生涯规划，渴望成长为专家型教师，实现职业成长

---

① 张祥永，李孙巧. 当代青年教师需求特征分析［J］. 当代教育论坛，2012（4）：74 – 78.

和专业发展。这就不仅需要自身的努力，同时需要良好的外部环境和条件的支持。

第五是尊重需求。"教师""学者""知识分子""教授"等称谓都是对教师的尊称，大学青年教师表现出了较强的敬业精神，希望通过自身的努力得到社会各方面的尊重。同时，也要求社会给予自身充分的认可和肯定。

大学青年教师专业发展还面临着不少的矛盾和问题，对大学青年教师专业发展的重要性认识还有待进一步的提高，对促进大学青年教师专业发展的政策还需要不断探索和深入。对大学青年教师专业发展特点的分析，为大学青年教师专业发展的影响因素分析奠定了基础。

3.2 大学青年教师专业发展影响因素的结构框架

3.2.1 生物生态系统理论研究框架的借鉴

人类发展生态系统理论的创始人是美国心理学家尤瑞·布朗芬布伦纳（Urie Bronferbrenner），其被公认为人类生态学、发展心理学和儿童抚养三大交叉学科的大师级研究者。他于 1979 年出版了《人类发展生态学》一书，提出了著名的生态系统理论（the Ecological System Theory）。该理论强调个体嵌套于一系列相互影响的环境系统之中，系统和个体相互适应、相互作用，系统影响个体的发展。这一理论为人类的发展研究提供了全新的视角和理论框架。

布朗芬布伦纳的生态系统理论强调个体发展所处环境的"生态化"，认为"生态化"是决定个体是否能够健康发展的重要因素。布朗芬布伦纳提出了生态系统理论，将个体放在五个环境系统中进行考察，这五个环境系统包括微系统、中系统、外系统、宏系统和时间系统①。微系统（microsystem）指包括发展中的个体在内的、与个体产生最直接互动的环境，例如家庭系统和学校系统等；中系统（mesosystem）指包含发展中个体在内的两个或多个环境之间的作用过程与联系，例如家庭和学校的关系、学校与工作单位的关系等，中系统可以看作是微系统的系统；外系统（exosystem）指发生在两个及以上环境之间的相互作用过程及其联系；宏系统（macrosystem）指各低层次的生态系统（例如微系统、中系统和外系统）在整个社会文化或亚文化水平上可能存在或存在的内容以及形式上的

---

① 高秀苹. 生态系统理论的创始人——布朗芬布伦纳［J］. 大众心理学，2005（5）：46 - 47.

一致性，并包含与此相联系的、成为其基础的信念系统和意识形态；时间系统（chronosystem）指个体的生活环境、种种心理特征等随着时间的推移而产生的变化性和恒定性。

生态系统理论重点强调的是作为复杂系统的环境对人发展的重要影响，之后，越来越多的心理学家将关注的重点放在了自然环境下的个体发展情况，有些心理学家甚至过于强调了生态环境对于个体发展的作用而走向了极端。因此，布朗芬布伦纳又补充修正了生态系统理论，他将理论更名为生物生态系统理论（the Bioecological System Theory），强调生物因素在个体发展中的重要作用，建立了生物生态学模型，引入了"最近过程"的概念，指出个体发展受生物特性和环境力量的双重交互作用。生物生态学模型指过程—人—环境—时间的 PPCT 模型（process – person – context – time model，如图 3 – 1 所示），强调系统与个体的相互作用，系统影响着个体的发展，这也是布朗芬布伦纳理论的核心①。

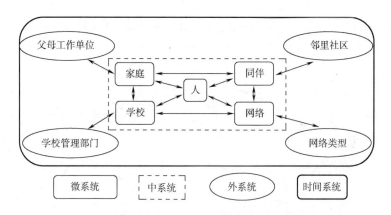

图 3 – 1　布朗芬布伦纳生物生态系统理论的行为系统模型

3.2.2　大学青年教师专业发展影响因素结构的构建

布朗芬布伦纳提出的生物生态学模型在人类发展等研究领域中，成为引用最广、传授频率最高的理论之一②。布朗芬布伦纳以生态化理论为基础建立的关于

---

①　谷禹，王玲，秦金亮. 布朗芬布伦纳从襁褓走向成熟的人类发展观［J］. 心理学探新，2012（2）：104 – 109.

②　Weisner T S. The Urie Bronfenbrenner Top 19：Looking Back at His Bioecological Perspective［J］. Mind, Culture, and Activity, 2008, 15（3）：258 – 262.

人的发展研究的新框架为本研究对于大学青年教师专业发展影响因素结构的构建提供了重要的借鉴。本书的研究对象是大学青年教师，研究主体是其专业发展的影响因素。可以说，大学青年教师的专业发展既受到主体自身情况的影响，又受到主体所处的学校和社会这一微观和宏观因素的影响，且这些影响又是通过大学青年教师的教学、科研、社会服务等学术活动这一中间系统来进行的。布朗芬布伦纳的生物生态学模型及其系统分析框架为大学青年教师专业发展的影响因素进行综合系统研究提供了十分契合的路径。

借鉴生物生态系统理论并综合现有的诸多研究成果，可见大学青年教师的专业发展会受到诸多因素的影响，且不同因素的影响程度是不一样的。本研究提出大学青年教师专业发展影响因素的结构主要包括社会环境、工作场所和个体层面三大类因素，大学青年教师的专业发展受这三大类因素相互作用的影响。促进大学青年教师专业发展的社会环境因素、工作场所环境因素和个体层面的因素通过大学青年教师教学、科研以及社会服务活动的开展，以及社会、学校对大学青年教师发展提供的政策导向、舆论引导和组织管理而共同作用、相互制约，它们之间的相互关系如图3－2所示。

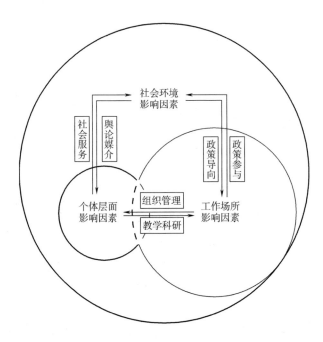

图3－2　大学青年教师专业发展影响因素的结构框架

　　大学青年教师通过学术活动的开展和学校、社会环境产生互动,并在这种互动中实现个体的成长和发展。本研究将个体的主要特征和家庭因素纳入个体层面,具体包含的影响因素有青年教师的专业知识水平、职业生涯规划、职业认同、身体健康、工作和家庭的冲突等。

　　学校是青年教师的主要工作场所,是社会大系统中的教育组织者之一,创造并维持着一定的环境,形成了一定的学术氛围,通过具体的组织管理促进大学青年教师的专业发展。具体包含的影响因素有学校硬件条件、氛围、发展平台和空间、组织领导、教师发展组织、管理制度等。

　　社会环境层面因素处于大学青年教师专业发展影响因素结构的最外层,在很大程度上影响大学青年教师专业发展的潜能。社会环境的因素可以通过舆论媒介直接作用于大学青年教师本身,也可以通过制定政策影响学校层面的因素从而影响大学青年教师的发展。如,社会文化影响大学青年教师的人生观、世界观、价值观及对组织的心理契约,政策法规影响大学的管理制度等。具体包含的影响因素有法律法规、教育体制改革、尊师重教的文化等。

　　大学青年教师专业发展"三环"影响因素模型中,各层面是一个完整的圆,各层面之间又相互作用,共同促进青年教师的专业成长。社会环境、工作场所和个体这三个层面都分别包含多种因素,各个因素分别对促进大学青年教师专业发展的作用表现不同,同时,各个层面和各个因素也具有整体性。各影响因素可以独立作用于青年教师的专业发展,任何一个影响因素出现了问题,都会牵一发而动全身,影响青年教师的专业发展质量。

　　本研究提出的大学青年教师专业发展"三环"影响因素模型,与国内外关于教师专业发展模型的有关研究成果有一定的区别和联系。

3.2.2.1　戴依模型

　　戴依(Day Christopher)[1] 在总结了众多关于教师专业发展的文献基础上,勾画出如图 3 - 3 所示的影响教师专业发展的因素框架,本研究将其简称为"戴依模型"。在戴依提出的发展模型中,列举了所有来自教师专业发展的理智取向(intellectualapproach)、实践—反思取向(pacrtieal—reflective apporach)和生态取向(ecologicalapporach)所关注的因素,全面勾画了影响教师专业发展的诸因素[2]。戴依所概括的影响教师专业发展的因素包括:个体特征因素,如个体教师

---

　　[1]　Day, Christopher. Developing Teachers: The challenge of lifelong learning [M]. Falmer Press, 1999.

　　[2]　王建军. 实践为本的教师专业发展:专题性"听—说—评课"[J]. 上海教育科研, 2004 (11): 13 - 17.

的经历、职业阶段和个人的素质；学校的外部特征因素，如政府和媒体等；学校的内部特征因素，如价值观、学校文化、制度、学校领导和结构支持条件等。

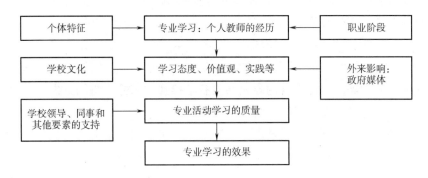

图 3 - 3　戴依模型：教师专业发展影响因素框架

　　本研究提出的青年教师专业发展影响因素模型框架同戴依模型的分析框架是一致的，均综合考虑个体特征因素、学校内部特征因素和学校外部特征因素三方面，区别是将学校外部特征因素直接命名为社会环境因素。戴依提出学校的内部特征因素——由环境、制度和领导方式等构成的学校文化，在教师素质提升中起着核心因子的作用①。本研究将在研究中实证各层面影响因素对青年教师专业发展的作用程度。

3.2.2.2　朱迪斯模型

　　朱迪斯·盖帕（Judith M. Gappa）等在其著作《重新思考高校教师工作》中描述了美国发生的高等教育变革及其对学术职业产生的冲击，提出了在教师与院校两个层面上共同提升和促进教师学术生产力及教师专业发展的分析框架（如图 3 - 4 所示），本研究将其简称为"朱迪斯模型"。

　　朱迪斯提出的分析框架认为，高校教师发展的个体需求、组织帮助和制度环境具有相互作用。他着重研究了教师个体与组织间存在的张力对教师专业发展的影响，而未将社会层面因素的影响纳入研究框架。朱迪斯认为，在正规体制外任职的教师群体（非编制）愈加庞大的情况下，聘用平等（employment equity）、共同治理（collegiality）、专业发展（professional growth）、灵活性（flexibility）以及学术自由与自治（academic freedom and autonomy）等五个要素对于组织与个人

---

① 赵虎. 基于教育生态学的高校教师素质提升模式探讨［J］. 南阳理工学院学报，2009，1（2）：74－76.

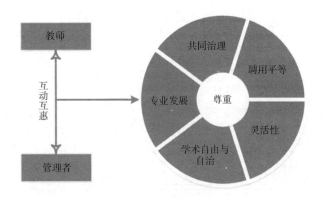

图 3 - 4　朱迪斯模型：影响高校教师专业发展要素

的专业发展都具有非同寻常的意义①。

　　朱迪斯模型强调在教师和院校两个层面的分析框架中，最为核心的是要重视教师被尊重的需要。他在研究中指出：教师和学校管理者应在互动和互惠的基础上构建平等互助的关系，共同来分享工作中的责任并承担工作中的义务。本书通过对大学教师专业发展模型的有关研究发现：影响大学青年教师专业发展的因素很多，现有研究主要从社会、学校、家庭、个人等层面对影响教师专业发展的因素进行探讨。有些学者强调的是内部因素，主要指教师个体和家庭方面的因素；有些学者强调的是外部环境因素，主要指社会和学校环境因素；还有学者强调的是内外因素的结合。

3.2.2.3　岳娟娟军医大学教师专业发展的 PISSR 生态模型

　　岳娟娟在研究中采用扎根理论研究方法和探索性因素分析建模方法，构建了包含 28 个项目，实践、创新、支持、学习和责任 5 个公共因子的军医大学教师专业发展生态模型（如图 3 - 5 所示）。

　　该模型以生态学、教育生态学理论为基础，结合教师专业发展生态系统内涵要求以及教师专业发展的本身特征，构建起了一个多主体、多层次、多因素的教师专业发展生态系统，在研究中呈现了教师专业发展的生态系统结构特点，宏观、中观和微观各层面的生态因子共同对教师专业发展的效果和进程产生影响。从生态环境的各方面影响因素看，宏观层面包括地区经济、科技水平差异以及国

---

①　William Cummings. Judith M. Gappa, Ann E. Austin, Andrea G. Trice：Rethinking faculty work：higher education's strategic imperative [J]．Higher Education，2009，58（5）：725 - 726.

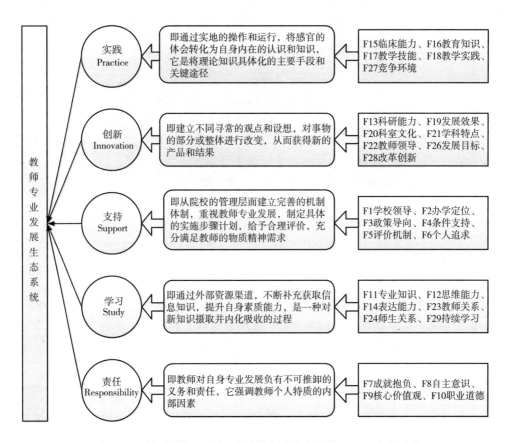

图 3 - 5　岳娟娟模型：军医大学教师专业发展的 PISSR 生态系统

家政策法规；中观层面包括学校硬件设施、办学水平、政策导向、实际支持、组织结构以及文化氛围；微观层面包括人际关系、教学文化等①。

　　本研究与该模型的相同之处在于都对影响教师专业发展的影响因素进行了个体层面、学校层面以及社会层面的综合分析。不同之处在于模型筛选的指标体系不同，指标筛选方式不同。该模型通过扎根理论获得 17 个范畴 78 个概念，从中筛选出 26 个影响因素，分别是：学校领导、办学定位、政策导向、条件支持、评价机制、个人需求、成就抱负、自主意识、职业道德、专业知识、思维能力、科研能力、教育知识、教学技能、教学实践、发展效果、科室文化、学科特点、教师领导、教师关系、师生关系、教管关系、发展目标、竞争环境、改革创新与

----

① 岳娟娟．高校教师专业发展生态模型的研究［D］．第三军医大学，2013.

持续学习。通过问卷修正增加了核心价值观、表达能力和临床能力 3 个因素。对 28 个影响因素，通过两次探索性因子分析方法，提取了实践、创新、支持、学习和责任 5 个公因子，完成了模型构建，并通过验证性因子分析对模型进行了验证。

本书对影响青年教师专业发展影响因素的分析结构始终建立在社会环境、工作场所和个体三个维度上，对影响因素的指标筛选经过理论总结—专家评分—基于信息熵和最优尺度回归结果的影响因素测度指标筛选—建立影响因素模型—验证性因子分析方法验证影响因素模型的过程。

本书所构建的大学青年教师专业发展影响因素的结构框架，对社会、学校和个体层面的因素进行综合的分析，主要意义是：第一，强调大学青年教师专业发展的影响因素研究要树立起系统和综合的研究视角；第二，影响大学青年教师专业发展的影响因素，一定是多维的因素，并且各个维度之间相互独立又相互依存；第三，对大学青年教师专业发展影响因素的研究已经从单独关注外部环境、学校环境或者个体特征发展为系统全面地关注各个层面的影响因素。

在大学青年教师专业发展影响因素结构的研究框架下，进一步分析影响大学青年教师专业发展的具体因素，并识别这些因素对大学青年教师专业发展的影响程度，对于更好地推进大学青年教师的专业发展具有重要意义。本书将借鉴现有研究成果，结合社会环境层面、工作场所层面和个体层面的影响因素对大学青年教师专业发展的作用，结合大学的主要办学任务和发展实际，尤其是大学青年教师专业发展的实际，从社会环境、工作场所和个体层面对可能影响大学青年教师专业发展的影响因素进行综合分析，并对这些因素如何作用于青年教师的发展进行理论分析。

3.3 社会环境层面的影响因素分析

在很大程度上，社会环境影响了大学青年教师专业发展的潜能，社会通过适当的行动促使大学青年教师专业发展的潜能成为现实。对影响大学青年教师发展的社会环境进行分析可以借鉴组织行为学的外部环境分析法，即 PEST（Political Economic Society Technology）分析法。社会环境通过政策法规、经济发展、社会文化的发展、信息化技术水平的提升等方面来影响大学青年教师的发展。社会环境的因素可以直接作用于大学青年教师主体本身，也可以通过学校层面的因素来影响大学青年教师的发展。社会环境层面的影响因素主要包括政策法规、经济社会发展、社会文化和信息化技术水平四个方面，具体包括法律法规、高等教育投入、社会发展、教育体制改革、尊师重教的文化、教师职业地位、现代教育技术等。

3.3.1 政策法规

不断建立和完善法律、法规体系建设，促进大学教师专业发展，是世界高校教育改革的重要方法和内容。政策法规对促进教师专业发展的理念、目标、结构以及途径给予指导。教师专业发展制度化也是教师专业发展的重要前提和根本保障。

教师专业发展制度化在欧美一些发达国家已基本建成。对高等教育发展以及大学教师专业发展起促进作用的制度包括：美国的《加州高等教育总体规划》（1960）、《高等教育法》（1968）；法国的《高等教育法》（1984）、法国的《大学规划》（2000）等；日本的《新高等教育计划》（1986）；德国的《高等教育总法》（1985）；英国的《教育改革法》（1988）、《高等教育新框架》（1991）等。

对教师专业发展的制度化建设还体现在一些重要制度和重要会议中。例如，1966年，国际劳工组织、联合国教科文组织发布的《关于教员地位的建议》中指出，要将教育工作视为专门职业。1970年，国际经济合作与发展组织（OECD）举办的"教师政策"会议主题定位于教师培养的连续性以及教师的阶段性成长。1986年，美国卡内基教育和经济论坛的主要议题是"国家为培养21世纪的教师做准备"，并指出：教育质量决定了美国的成功与否，而提高高等教育质量的关键是要建立起一支与高等教育发展相适应的教师专业队伍。1996年，第45届国际教育大会的主要议题是要加强变化的世界中教师的作用，大会提出要赋予教师更多的自主权和责任，要提高教师的专业地位，要充分运用新技术于教师的专业实践中，要提高教师的专业性，要保证教师能够参与到教育变革中，保证教师与社会各界保持合作等。

国内关于教师发展方面的政策主要有：1985年，《中共中央关于教育体制改革的决定》中指出，教育体制改革要调动各方面的积极性，最重要的是要调动教师的积极性，各级政府和有关部门每年都要为教师切实解决一些问题，要在全社会范围内大力树立和发扬尊重各级各类教师的良好风尚，使教师工作成为最受人尊重的职业之一。同年，国家将9月10日设定为教师节。1999年，教育部制定了《关于新时期加强高等学校教师队伍建设的意见》，提出为全面快速提高教师队伍的整体素质,学校要加强对教师的培训。2001 年,教育部出台《关于加强高等学校本科教学工作、提高教育质量的若干意见》,明确指出教师的教学能力和品德要达到一定的水平。

此外,国家还出台了《教师资格条例》《教师培训条例》《"长江学者和创新团队发展计划"长江学者聘任办法》《"青年骨干教师培养计划"实施办法》《青年骨干教师培养计划》等一系列有关教师资格认证以及发展的促进政策和制度,通过这些政策和制度的落实,在教师发展方面起到了一定的促进作用。例如,在培训形式方面进行不断的创新和发展,具体培训项目包括:国内访问学者、高级研修班、骨干教师进修班、岗前培训、短期研讨班和讲习班等。为激励教师发展,还推出了教育部跨世纪人才培养计划、教育部新世纪优秀人才支持计划、长江学者奖励计划、新世纪百千万人才工程、高等学校"高层次创造性人才计划"、高等学校骨干教师资助计划、教育部"优秀青年教师资助"计划等。

3.3.2　经济社会发展

经济社会发展带来了社会管理体制改革,与之相适应的高等教育必然要进行教育体制改革。改革主要体现在以下几个方面:一是办学体制的改革。要改变政府包揽办学的格局,建立起政府作为办学的主体、由社会各界来共同参与办学的局面。二是要改变政府与学校的关系。通过政府职能的转变,将其对学校的直接行政管理改变为政府通过立法、拨款、发展规划、服务、政策指导为主要手段,辅之以必要的行政手段,实现政府对高等教育的宏观管理。三是要改变资金筹措方式。要建立高校多元化的筹资体制,要完善筹资相关政策,将多元化的筹资制度建设成为高等教育发展的重要支持和保障。

高等教育资金投入也是高校教师专业发展的重要条件和根本保障。2002 年,教育部在全国范围内开展的调查显示,有近 60% 的高校将"经费短缺"作为教师专业发展面临的首要困难;41.2% 的教师也认为学校在专业发展方面投入的"经费短缺"影响了其专业发展。总体上看,全国高校投入的专门用于教师专业发展项目的资金只占预算内教育经费拨款总额的 0.9% ~ 1.1% ,相比而言,现代大中型企业在人员培训方面的经费投入一般占总营业额的 3% ~ 5% ,远远高于高校投入到教师专业发展中的经费比例。可以说,教师专业发展专项经费的投入不足成了制约大学教师专业发展工作开展的"瓶颈"因素。

在国外,国家和高校都投入了较为充足的资金,从而推动教师的专业发展。例如:20 世纪 90 年代以后,美国各高校就加大了对教师发展项目的资金投入,大力促进高校教师专业发展。1993 年，美国教育部国家教育统计中心对近 60 万全日制高校教师开展了专项调查，调查结果表明，对大学投入教师发展工作的资金有较高的支持度。

经济社会发展水平影响国家对于教师专业发展政策法规的制定，两者之间的互动作用也导致高校必然进行管理体制的调整和变革，由此也决定了大学功能和定位的选择，影响到大学内部各参与主体对发展角色的认知和对工作责任的履行。

3.3.3　社会文化

社会文化的发展和高等教育的发展相互联系，社会文化不断对高等教育的发展进行渗透，高等教育的发展也体现着社会文化的发展进程。社会文化对高等教育价值观产生影响，会对高等教育的目的及教育内容产生影响。同时，高等教育也对社会文化具有传承和发展的作用，正如萨德勒（M. Sadler）所说："孤立的研究教育是不可行的，要高度重视教育的文化背景……文化对教育的影响是持久又深刻的[①]。"

在不同的国家，文化都对高等教育的发展产生重要的影响。英国的"绅士文化"以贵族精神为基础，强调绅士是教养良好、责任担当、追求自由的积极形象。德国人受启蒙思想的影响，理性、科学、严谨，德国的"理性文化"孕育了以修养、科学、自由和寂寞四方面构成的德国古典大学观，造就了盛极一时的德国教育。美国的"多元文化"强调的是开拓和竞争、民主和自由、理性和实用等。

中国文化被国内外众多学者称之为"德性文化"，德性文化是中华民族在几千年的历史中形成的道德价值体系。当今，社会文化发展的主要特征是多元文化。在多元文化的发展下，不同种族、不同地域、不同历史、不同人文环境以及社会习俗带来了人们的价值观、思维模式和行为方式的巨大差异。在经济和社会不断发展和进步、文化不断交融的过程中，这些不同的价值观念、思维方式和行为模式求同存异。当今社会，全球化进程在不断加快，人与人之间在思想上文化上的交往更加频繁，碰撞也更加激烈。

社会文化对大学青年教师专业发展的影响并不是直接和显性的，但其影响的作用却是持久及稳定的。多元文化的核心是倡导多样化的差异性的文化，多元文

---

① 屈书杰. 迈克尔·萨德勒比较教育思想的现实意义［J］. 比较教育研究，2009（8）：7 - 10.

化强调文化之间的平等及其相互之间的影响。在多元文化环境下，大学教师应主动对文化作出反应和选择，而不只是对主流文化进行被动地接受和传递。因此，大学教师的主体性、文化意识对其专业发展的意义重大。要培养教师的批判反思能力，提高其文化意识，推动其参与政策制定，将教师从文化传递中的"消极主体"转变为"积极主体"，彰显教师文化的主体性，成就教师专业发展的权能。

3.3.4　信息化技术水平

人类已经进入了信息时代，信息技术改变着人们的学习、工作以及生活的方方面面。随着信息时代的到来，信息量激增，知识更新周期不断缩短。教育的信息化是社会信息化的一部分，教师就是教育信息化发展的关键环节。教育领域融入信息技术后，学习方式、教学方式、信息资源、教学环境甚至师生的思维方式都发生了重大的改变。教师尤其要适应信息化时代的要求，主动实现自身角色的转型，提升自身的信息素养，发展信息化的教学能力。

信息化的教学能力，是教师在教学中运用信息技术、符号化教学内容的过程。在高度信息化的社会中，这更加彰显了教师专业发展的时代属性。教师应该主动适应信息化社会的发展，将信息化教学能力的发展视为时代赋予自身的重要责任与重大使命。这也是信息技术渗透到高等教育发展中的必然需要。

在信息化社会中，教师的信息化教学能力包含以下四方面的内容：信息化教学知识、信息化教学情意、信息化教学智慧以及信息化教学能力。教师在学习学科专业知识、懂得一般的教学方法和学科教学方法的同时，要掌握教学技术的知识与信息化教学的能力。同时，要主动适应时代的需求，发展信息化的学科知识、信息化的教学法知识以及信息化的学科教学法知识等。

3.4　工作场所层面的影响因素分析

学校是社会大系统中的教育组织之一，创造并维持着一定的环境，形成了一定的学术氛围。教师处于学校组织机构中，教师专业发展受社会环境影响，但是更为直接的是受到学校环境的影响，学校始终是教师专业发展的坚实后盾。教师专业发展必须要处理好个人和组织的关系，高校组织的资源环境、组织领导、管理制度、教学和科研等学术活动的开展、学校设立的教师发展组织情况等直接影响大学青年教师的专业发展。本书借鉴现有研究成果，提出工作场所层面的影响因素主要包括资源条件、文化氛围、组织建设和制度体系四个方面，具体包括学校的硬件条件、整体氛围、组织领导、参与决策、设立教师发展组织、评聘制度、晋升制度、薪酬制度、职业保障制度、培训制度等。

3.4.1 资源条件

大学的硬件条件包括大学的图书馆、实验室和教学设备、校园网设施等。近年来，随着经济社会的发展和高等教育的发展，大学的硬件设施不断优化。大学的物质资源是大学青年教师从事高深学问的教、学活动基础，也是开展科学研究工作、提供社会服务的重要条件。大学图书馆的藏书量不断增加，电子文献数量、质量不断提高，为教师进行学术研究提供了必备的文献资料。实验室和教学设备不断更新，为教师开展教学和科研活动提供了先进的多媒体设备。校园网不断发展，为师生提供了信息服务平台，网络办公、网络教学、网络教学资源等一系列网络技术水平不断提高。大学的物质资源满足了教学科研和办公手段现代化的需要，更重要的是满足了师生汲取知识的需要。

3.4.2 文化氛围

大学青年教师在学校的环境中工作，其教育理念、工作方式等不可避免地受到学校环境的影响。只有学校的价值观等核心环境因素为大学青年教师们所理解、接受、认同并内化为内在价值时，才能促进大学青年教师的专业发展。大学文化正是大学发展的内在核心力量，为大学青年教师的发展提供氛围和环境。大学文化的本质是经过历史积淀形成的被广大师生员工所共同认可的价值观和行为模式。加强大学文化建设、培育大学特色文化，对推动大学发展、促进大学青年教师的专业发展具有重要意义。

关于大学文化，人们的认识和观点很不一致。广义的大学文化包括物质文化、制度文化和精神文化。大学的物质文化是大学文化的基础和保障，包括校园建筑、人文景观、传播媒介等。师生通过校园物质文化的载体，了解学校文化的本质内涵，得到精神满足和愉悦。大学的制度文化是大学在办学历程中形成的规章制度、行为规范等。大学的制度文化在大学文化各层次间起到中介作用，是大学文化建设的根本。大学的精神文化是大学的办学理念和价值追求，是大学文化的最高层次。

大学教师作为我国高等教育工作的主要执行者，其价值的实现不仅表现在教书育人层面，还表现在参与大学的决策和管理层面。参与大学决策是大学教师的一种权利和责任，是现代大学制度建设的必然要求。大学教师将参与学校决策内化为自我主动积极的行为，是个人价值、社会价值和集体价值的体现[①]。

3.4.3　组织建设

促进教师专业发展，要通过一些组织创新和组织建设来实现，例如可以设立促进教师发展的教学促进中心或教师发展中心等教师专业发展共同体。教师专业发展共同体的建设，其目的在于提供一个组织和平台，帮助教师完善教学实践，促进教师应对学校以及社会不断变化的环境[②]。教师参与到发展共同体的团队中，应是出于专业发展的自觉性和专业发展的强烈意愿。教师发展共同体的重要意义就在于教师之间互相学习和帮助的促进作用，使得教师的专业发展能够得到管理者、专家以及同行的帮助。

3.4.4　制度体系

制度体系对于促进大学青年教师专业发展具有十分重要的作用。制度体系是调整人与其生存发展环境之间的关系、规范人的行为，具有准则性质的规则体系。大学制度上的创新，能够带来整个大学的繁荣，陈旧和僵化的制度则会阻碍大学的发展。世界一流大学无不重视制度创新，现代大学制度体系应是遵循大学发展规律的制度。大学青年教师促进制度体系主要包括岗位评聘制度、教师评价制度、晋升制度、薪酬制度、职业保障制度、培训制度等。

（1）岗位评聘制度。高校中，教师岗位是专业技术岗位的主体构成。教师岗位要求教师具有教学、科研工作所要求的能力和水平。学校对教师实行分类管理，可根据教师在教学、科研方面的胜任特征，在教师岗位中设置教学为主型岗位、科研为主型岗位或者教学科研型岗位。高校岗位设置和聘用要遵循"按需设岗、公开招聘、平等竞争、择优聘用、合同管理"的原则，达到优化用人机制、激励教师积极性和创造性的目的。在岗位聘任中，要突出青年教师的教学、科研能力，为青年教师提供公平竞争的平台。

（2）教师评价制度。随着高校师资的发展，高校越来越重视发展性评价考核制度的实施。发展性评价考核制度更重视考核过程，并将考核结果及时反馈给教师。发展性评价考核制度的实施，能够充分发挥评价的诊断、导向、激励、鉴定、引导等功能，更有利于促进大学青年教师的专业发展。发展性教师评价具有

---

① 杨元妍. 高校教师参与学校决策的价值内化机制探析［J］. 江苏高教，2015（3）：11 – 11.
② 范国睿. 教师共同体是真正的"教师之家"［J］. 中国民族教育，2016（4）：14 – 14.

以下特点：一是注重教师的未来发展；二是强调教师评价的真实性和准确性；三是注重教师的个人价值、伦理价值和专业价值；四是实施同事之间的教师评价；五是由评价者和教师配对，促进教师的未来发展；六是发挥全体教师的积极性；七是提高全体教师的参与意识和积极性；八是扩大交流渠道；九是制定评价者和教师认可的评价计划，由评价双方共同承担实现发展目标的职责。发展性教师评价不以对教师进行等级划分为目的，关注的重点在于教师职业的发展。发展性教师评价要找出教育活动和教育过程中存在的问题、原因和改进的方法。

（3）晋升制度。职称晋升在很大程度上能够为教师自主专业发展提供动力，能够激发教师工作的积极性、主动性和创造性。据调查数据显示，在青年教师的离职原因中，职称晋升障碍占很大比重。在大部分高校中，教师职称晋升的主要标准是教师科研成果的数量，晋升标准重科研、轻教学。

（4）薪酬制度。制定大学青年教师的薪酬制度，应该既体现高校内部公平，又体现社会公平。根据亚当斯的公平理论，员工受激励程度的大小来源于其自己和参照对象之间报酬与投入比例的一个主观比较。因此，高校只有建立起一个兼顾内部、外部、个人的薪酬管理制度，才能调动青年教师工作的积极性，才有利于青年教师队伍的稳定发展。

（5）职业保障制度。教师的职业保障制度随着国家保障制度的发展而发展，经历了由"国家保障"到"社会保障"的转变。教师的职业保障制度包括养老保险、失业保险、工伤保险、失业保险、生育保险、住房公积金等。应不断提高教师职业保障的社会化程度，推进教师职业保障的改革，由此促使教师群体的权益得到制度化的保障，为教师的发展解决后顾之忧。

（6）培训制度。大学青年教师培训的主要方式有开展岗前培训、激励青年教师在职攻读学位、实施青年教师导师计划等。高校建立科学的青年教师培训制度，包括培训需求评估、培训计划制定、培训计划执行、培训效果评估等过程。大学青年教师培训制度的实施，能够提升青年教师对于教育工作的适应性，提升青年教师的教育教学能力和科研能力，是促进大学青年教师专业发展的一项重要的制度保障。

3.5　个体层面的影响因素分析

大学青年教师既是社会人，又具有个体的特征，其个体特征将作用于其专业发展并产生不同的影响效果。大学青年教师也正是在和学校、社会环境的互动中实现成长和发展的。影响大学青年教师专业发展的个体特征突出了每一位青年教师专业发展的主动性、建构性和多样性。大学青年教师在具体的工作情境中会产生不同的观念，行为会呈现出很多差异，会对管理、制度、环境、待遇等做出个性化理解，进而在工作中呈现专业发展的多样化特点。大学青年教师处于从入职到成熟的职业发展阶段，其教育理念、职业素养、职业能力的形成，是在实践中不断积累经验，并通过分析、反思等复杂过程建构起来的，在大学青年教师所处的整个职业生涯中，还将经历重新思考、感受、分析、反思、升华的建构过程。其专业发展不仅受职业生涯规划、专业知识、职业素养、教育理念等影响，还受到性别、年龄、职称、个人身体状况以及家庭因素等影响。了解和重视大学青年教师专业发展的个体因素和特征，有利于大学青年教师个体重视主观感受和体验，有利于社会和大学分类和多样化地进行大学青年教师专业发展的环境构建和培养。本研究提出个体层面的影响因素主要包括职业发展、职业素养、家庭因素、个体特征四个方面，具体包括职业生涯规划、职业认同、教育理念、专业知识水平、人文、社会和自然知识、学术道德、身体健康、精力充沛、家庭因素、工作时间、个体特征等。

3.5.1　职业发展

（1）职业生涯规划。教师职业生涯发展规划不仅是教育改革和教师队伍建设的客观要求，也是教师发展的内在需求，更是教师体现自己生命意义、实现生命价值和主动持续发展的现实选择[①]。职业生涯发展规划的实施，对教师和学校都具有积极意义。对于教师来说，制定并实施职业生涯发展规划，能够促进教师的行动与反思，能够满足教师不断发展的需求，增强教师发展的计划性、有效性。对于学校来说，职业生涯发展规划能够增加学校对教师的凝聚力，更有利于学校利用内部人力资源，降低师资队伍的流动性，改进教师教学实效，从而更加有效地发掘和培养学校师资队伍中的可用之才。

（2）职业认同。教师职业认同是教师通过与环境互动来建构关于个体和职业意义的结果，反映的是教师个体对教师职业的心理认可程度。它既是个体从自身经历中逐渐发展、确认教师角色的过程，同时也是教师个体对所从事职业的认同程度[②]。教师对职业的认同程度高，表现为其认为职业重要程度高、职业吸引

① 丁皓．高校青年教师职业生涯发展规划的思考［J］．人力资源管理，2013（7）：167－169.
② 张宁俊，朱伏平，张斌．高校教师职业认同与组织认同关系及影响因素研究［J］．教育发展研究，2013（21）：53－59.

力强、与其他职业融合程度高。教师对所从事职业的肯定性评价高，有利于其获得更高程度的组织认同，实现与组织的共同发展。同时，教师对职业高度认同，能够有效地阻碍教师的离职倾向。教师职业认同对教师专业发展具有积极的正向促进作用。

3.5.2 职业素养

（1）教育理念。大学青年教师普遍具有较为先进的教育理念，能够积极转变自己的知识观和学习观，实现由分学科教学到跨学科教学；从知识的权威者转变为知识的组织者；从知识的传授者转变为学生学习的促进者；从引导学生重视知识的掌握到引导学生重视理论和知识的探索；从重视间接经验转变为重视直接经验。大学青年教师需不断更新教育观念，坚持科研、教学相结合，努力为学生营造良好的学习氛围，为学生的发展提供广阔的空间和平台，并要尊重学生，激发学生学习的主动性和创造性。同时要加深对教育目的、教学任务、教育方法等教育内容的认识，实现青年教师个体的教学相长。

（2）知识水平（专业知识水平和人文、社会和自然知识）。职业型专家教师应该具备复合型的知识结构：一是较高层次的自我知识，即具有自我意识，能够自知，善于自我评价和自我完善；二是基本的普通知识，即具有科学人文知识；三是精通自己领域的专业知识；四是掌握教育科学知识[1]。大学青年教师要始终站在科学发展的前沿，及时了解本研究领域的最新科技成果，不断更新自己的知识结构，从而不断改进教学、提高教学质量。

（3）职业道德。大学教师的职业道德是其在教育教学活动中所应遵守的教师职业伦理规范，体现着教师对教育事业、同行、学生和家长等所应遵循的道德标准[2]。大学教师的师德是教师通过教育教学实践活动的经历所内化而形成的品质。大学教师要热爱教师职业，将教师职业看成是理想的职业，在教学、科研和社会服务工作中恪尽职守、主动思考、积极进取。要自觉坚守精神家园和人格底线，带头弘扬社会主义道德观，潜移默化地影响大学生的世界观、人生观和价值观，促进大学生形成诚信的学术人格和科学的思维方式。要坚守学术道德，坚持科学求真和开拓创新的精神。教师师德与教师的知识、行为、人格融为一体，影响教师的信念和行为。良好的职业道德是大学青年教师追求卓越的精神支柱。

---

[1] 郭丽君，吴庆华. 教育信息化与教师角色的转换 [J]. 教育评论，2001（2）：37–39.
[2] 李志英. 高校教师工作满意度研究 [D]. 华东师范大学，2011.

3.5.3　家庭因素

（1）工作、家庭冲突。家庭因素对大学青年教师的发展既有积极的影响也有消极的影响。家庭因素影响到大学青年教师的职业选择、职业就业流动、工作投入等。积极的家庭因素可以为大学青年教师的发展提供安全和支持，消极的家庭因素则可能导致大学青年教师无法以工作为重心，或者无法对工作设立更高的标准和要求。

（2）工作时间。大学青年教师的工作主要包括教学、科研和社会服务，绝大部分青年教师在工作中承担了较多的教学任务，同时由于学术水平较高，也在科研工作中承担了大量的任务。青年教师投入教学、科研工作的时间长，产生的工作成绩好，对其专业发展具有促进作用。

3.5.4　个体特征

个人自身状况还包括职业发展阶段、兴趣爱好、身体健康状况、精力状况等。处于不同的职业发展阶段，个体在年龄、心理特征、健康状况、情感需求等方面都不尽相同，这都会对工作的目标、表现和职业生涯规划产生重要影响。

3.6　本章结论

探究影响教师专业发展的影响因素是促进教师专业发展的重要前提和依据。构建大学教师专业发展影响因素的结构框架旨在阐释影响大学教师专业发展的因素及其作用过程。本章主要结论包括以下几方面的内容。

1. 大学青年教师的专业发展受到高等教育发展以及学校环境和制度的影响，并具有显著的阶段性特点。高等教育发展促进了大学青年教师队伍的数量提高和质量提升；高校为促进大学青年教师的专业发展开展了内部管理体制改革以及现代大学制度的制定等工作；大学青年教师在专业发展上具有自主性、阶段性和复杂性的特点。高校对大学青年教师的重视和投入多，但是对大学青年教师专业发展的实际促进作用欠缺；社会未在政策和经费投入等方面给予大学青年教师专业发展足够的重视，尚未营造出有利于大学青年教师专业发展的外部宏观环境；大学青年教师在自身专业发展方面面临着很多困惑和需求。对大学青年教师专业发展特点的分析有助于提高大学青年教师专业发展影响因素研究的针对性。

2. 借鉴布朗芬布伦纳生物生态系统理论研究框架构建了本研究大学教师专

业发展影响因素的结构。布朗芬布伦纳将个体放在五个环境系统中进行考察，这五个环境系统分别是微系统、中系统、外系统、宏系统和时间系统，他强调发展个体嵌套于相互影响的一系列环境系统之中，在这些系统中，系统与个体相互作用并影响着个体发展。布朗芬布伦纳的生物生态系统理论，是生态观和系统观的高度融合，体现了生态主体与其生存和发展环境之间的复杂联系。本部分借鉴了布朗芬布伦纳生物生态系统理论的研究框架，将大学青年教师专业发展影响因素归纳为社会环境、工作场所和个体层面三大类因素。

3. 对社会环境、工作场所和个体层面三大类因素的内涵进行理论分析，共包括 12 个指标，27 个具体因素。

社会环境层面的影响因素主要包括政策法规、经济社会发展、社会文化和信息化技术水平四个方面，具体包括法律法规、高等教育投入、社会发展、教育体制改革、尊师重教的文化、教师职业地位、现代教育技术等。

工作场所层面的影响因素主要包括资源条件、文化氛围、组织建设和制度体系四个方面，具体包括专项经费投入、硬件条件、整体氛围、发展平台和空间、参与决策、组织领导、跨学科团队的组建、设立教师发展组织、评聘制度、晋升制度、薪酬制度、职业保障制度、培训制度等。

个体层面的影响因素主要包括职业发展、职业素养、个体状况和家庭因素四个方面，具体包括职业生涯规划、职业认同、教育理念、专业知识水平、人文、社会和自然知识、职业道德、身体健康、精力充沛、工作家庭冲突、工作时间等。

4. 对社会环境、工作场所和个体层面三大类因素的作用进行分析。社会环境在很大程度上是一种影响大学青年教师专业发展潜能的因素，社会环境可以通过人适当的行动使其潜能成为现实。社会环境的因素可以直接作用于大学青年教师主体本身，也可以通过学校层面的因素来影响大学青年教师的发展。学校是社会大系统中的教育组织之一，创造并维持着一定的环境，形成了一定的学术氛围。同时，大学青年教师也正是在和学校、社会环境的互动中实现成长和发展的。

本章对大学青年教师专业发展可能产生效果的影响因素及其作用过程展开了理论研究，这可以看作是下一章研究的理论铺垫。下一章对影响因素结构和指标重要性的研究正是建立在本章理论基础上的，对影响因素及其作用的阐释也必然符合本章的理论分析。

第4章　大学青年教师专业发展影响因素模型的构建与验证

大学青年教师专业发展影响因素需要形成体系，并与工作实践互相印证才能更加完备。本章在借鉴相关研究的基础上，结合大学青年教师专业发展的实际情况，按照影响因素指标体系的设计、问卷设计和调查、理论建模、实践验证的逻辑顺序，构建大学青年教师专业发展影响因素模型。对问卷调查结果，采用最优尺度回归和信息熵的方法计算出大学青年教师专业发展影响因素的重要性，经验证性因子分析方法验证，构建大学青年教师专业发展模型。本章的研究结果将为第五章大学青年教师专业发展总体状况和影响因素的结构性特征分析奠定基础。

4.1　大学青年教师专业发展影响因素测度指标体系的构建

4.1.1　大学青年教师专业发展影响因素测度的指标初选

本部分对影响因素测度指标的分析和筛选建立在社会环境、工作场所和个体层面三个维度上。影响因素测度指标的初选主要以下述工作为基础：一是梳理国内外有关大学教师专业发展及影响因素研究的有关文献；二是对专家进行问卷调查、对专家和大学青年教师进行深度访谈，得到第一手的调查数据，对理论指标进行完善。

4.1.1.1　理论指标初选

基于第3章关于大学青年教师专业发展影响因素的理论研究结果，结合大学的主要办学任务和发展实际，尤其是大学青年教师专业发展的实际，初选大学青年教师发展影响因素测度的理论指标，分别是：法律法规，教育投入，社会发展，教育体制改革，教师社会地位，尊师重教的社会氛围，现代教育技术，学校硬件条件，整体氛围，组织领导，参与决策，设立教师发展组织，评聘制度，晋升制度，薪酬制度，职业保障制度，培训制度，职业生涯规划，职业认同，教育理念，专业知识水平，人文、社会和自然知识，职业道德，身体健康，精力充沛，工作家庭冲突和工作时间等27个。

为保证研究大学青年教师专业发展模型影响因素测度指标的信效度，本书对27项指标通过专家审议和深度访谈研究进行验证，并对影响青年教师专业发展的重要指标进行补充。

4.1.1.2 专家审议

专家审议采用问卷调查的方法，请专家对大学青年教师专业发展的影响因素测度指标进行评分，调查问卷为各因素指标构建了五级量表，指标的构成主要依据前文理论分析的结果，同时设置了开放性的问题，可由专家填写其认为重要的影响大学青年教师专业发展的其他因素（见附录A）。

调查于2016年在北京市四所高校进行，211高校，也包括市属重点高校。调查对象主要为高校从事师资管理工作的领导、院系党政领导。这四所高校均建立了教师专业发展组织，调查中还对该组织的负责老师进行了调查。调查对象共50人。调查对象基本情况和专家对影响因素测度指标的评分结构如表4-1和表4-2所示。

表4-1 大学青年教师专业发展影响因素重要性调查专家情况

	分类	人数	百分比
学校属性	部属高校	28	56%
	地方高校	22	44%
性别	男	30	60%
	女	20	40%
职称	教授	29	58%
	副教授	18	36%
	其他	3	6%
职务	教师发展组织负责人	8	16%
	师资管理者	34	68%
	院系党政领导	8	16%

表4-2 大学青年教师专业发展影响因素专家评分结构

序号	影响因素测度指标	均值	标准差	序号	影响因素测度指标	均值	标准差
1	政策法规	4.5	.75	4	教育体制改革	4.4	.85
2	教育投入	4.2	.65	5	教师社会地位	4.5	1.01
3	社会发展	4.3	.70	6	尊师重教的社会氛围	4.5	.78

续表

序号	影响因素测度指标	均值	标准差	序号	影响因素测度指标	均值	标准差
7	现代教育技术	4.3	.86	18	职业生涯规划	4.6	.68
8	学校硬件条件	4.2	1.23	19	职业认同	4.7	.85
9	整体氛围	4.6	.63	20	教育理念	3.8	.96
10	组织领导	4.5	.85	21	专业知识水平	4.6	.65
11	参与决策	4.0	.72	22	人文、社会和自然知识	4.0	1.85
12	设立教师发展组织	3.9	1.01	23	学术道德	4.3	.86
13	评聘制度	4.3	.56	24	身体健康	4.1	.85
14	晋升制度	4.0	.95	25	精力充沛	4.5	.76
15	薪酬制度	4.0	.73	26	工作家庭冲突	3.6	1.35
16	职业保障制度	3.9	1.01	27	工作时间	4.3	.65
17	培训制度	4.3	1.02				

如表 4-2 所示，专家对理论层面提出的各影响因素的认可度较高，可以作为影响因素测度指标进行调研。同时，专家提出了补充因素，其中占 1/3 以上专家提议的因素有 3 个，分别是：设立大学青年教师专业发展专项经费、学校为青年教师多提供发展平台和空间，设立跨学科的教学、科研团队，此三项因素均属于学校层面的因素。在后续研究中，综合以上研究结果，将大学青年教师专业发展的影响因素测度指标列为 30 项，分别是法律法规，教育投入，社会发展，教育体制改革，教师社会地位，尊师重教的社会氛围，现代教育技术，设立专项经费，学校硬件条件，整体氛围，发展平台和空间，组织领导，参与决策，跨学科团队建设，设立教师发展组织，评聘制度，晋升制度，薪酬制度，职业保障制度，培训制度，职业生涯规划，职业认同，教育理念，专业知识水平，人文、社会和自然知识，职业道德，身体健康，精力充沛，工作家庭冲突，工作时间。

4.1.1.3　深度访谈研究

1) 深度访谈的目的。因大学青年教师专业发展的影响因素较多，对此不同的研究者采用了不同的研究方法，研究的影响因素差别较大。因此，本书通过对师资管理者、专家和大学青年教师分别进行深度访谈，目的是收集第一手的资料，了解大学青年教师专业发展众多影响因素中的关键性影响因素，并进一步验证各影响因素在社会环境、工作场所和个体层面的维度关系。同时，深度访谈法更可以置身于大学青年教师的世界，理解大学青年教师嵌入的社会、群体、制度、文化和个体特征，从而揭示大学青年教师个体发展的多样化特征。

2）深度访谈的对象和内容。在深度访谈对象的选择上，既包括大学青年教师，又包括师资管理者和专家，（见表4-3）在对师资管理者和专家的访谈中，深度访谈的对象包括部属高校和地方高校的校领导、人事处处长、教务处处长等师资管理专家。在高校的选择上，也注重了985、211高校和普通高校的代表性。专家访谈人数共计8人，访谈的主要内容包括：①大学青年教师的职业特点；②大学青年教师所处的职业阶段特点；③大学青年教师专业发展的总体状况；④大学青年教师专业发展存在的问题及原因；⑤国家层面、学校层面和个人层面影响大学青年教师专业发展的因素及其重要程度；⑥如何促进青年教师的专业发展。

面向青年教师的访谈，访谈人数共计10人。访谈的主要内容包括：①大学青年教师专业发展的总体状况；②大学青年教师在专业发展中存在的主要问题；③大学青年教师专业发展的影响因素等。

表4-3 访谈对象基本信息

	分类	人数	百分比
学校属性	部属高校	6	33%
	地方高校	12	67%
性别	男	10	56%
	女	8	44%
职称	教授	6	33%
	副教授	5	28%
	其他	7	39%
职务	师资管理者、专家	8	44%
	青年教师	10	56%

3）深度访谈过程。

访谈准备：为了赢得被访者的配合，提前和被访者联系，将研究目的、意义和主题告知被访者，向被访者简要介绍研究内容并提交访谈提纲，促进被访者对大学青年教师专业发展这一研究主题进行比较深入的思考。

访谈方法：

①材料：访谈提纲，录音笔，笔与书写本，手表。

②方法：访谈地点定在被访者认为合适的地点，大多是被访者的办公室。访谈全程进行录音，并在每个访谈结束后由研究者立即整理转化为访谈资料。访谈

时间均在 30 分钟以上。

4）访谈结果。对于访谈内容，我们做了详细的记录，并在访谈结束后将每份访谈内容转录为文本，并对访谈内容进行归纳与分析。通过对访谈的内容进行分析可见，专家和青年教师均对影响青年教师发展的因素、指标给予了较高程度的认可。同时，通过对访谈资料的分析可以看出，师资管理者、专家和青年教师均认为社会环境因素、工作场所因素、个体层面因素都对青年教师的专业发展产生影响。对于各层面因素对青年教师专业发展的影响程度和作用，在感性认识上存在一定分歧，有些被访者认为个体层面的因素最为直接和关键地影响青年教师的专业发展，有些被访者认为工作场所层面的因素对青年教师专业发展的影响最为直接和关键。被访者普遍认同社会环境层面的因素对青年教师专业发展的影响是重要且间接的。

同时，根据被访者对影响大学青年教师专业发展影响因素的理解和阐释，本部分还得出了 30 个影响因素测度指标的释义，如表 4－4 所示。

表 4－4　大学青年教师专业发展影响因素测度指标释义

序号	影响因素测度指标	释义
1	法律法规	国家出台促进大学青年教师发展的法律法规
2	教育投入	经济发展对大学青年教师专业发展的促进主要体现在对高等教育的投入，尤其是对教师发展项目的投入
3	社会发展	社会进步对高等教育的影响及其对大学青年教师专业发展的影响
4	教育体制改革	扩大高校办学自主权等教育体制改革等方面
5	教师社会地位	社会对教师职业是否尊重
6	尊师重教的社会氛围	社会尊重知识、重视教育的氛围
7	现代教育技术	信息化技术水平主要体现在现代教育技术在教学、科研等活动中的运用以及教学资源的信息化
8	设立专项经费	学校设立的教师专业发展促进专项经费情况
9	学校硬件条件	学校具备的办公、资产设备、图书资料等硬件条件
10	整体氛围	学校确定的办学理念、形成的办学文化、学校整体的工作氛围
11	发展平台和空间	学校为青年教师专业发展搭建的空间和平台
12	组织领导	学校主要的组织结构、领导和沟通方式
13	参与决策	青年教师参与学校重要政策、制度、发展等方面工作的决策情况
14	跨学科团队建设	学校打破学科、专业的限制组建跨学科的教学、科研团队情况

序号	影响因素测度指标	释义
15	设立教师发展组织	学校设立专门的组织机构，指导教师的专业发展
16	评聘制度	教师的综合评价制度和聘任制度
17	晋升制度	教师的职务和职称的晋升制度
18	薪酬制度	教师的薪资收入制度
19	职业保障制度	教师的学术休假、"五险一金"等职业保障制度
20	培训制度	关于教师培训的内容、要求等制度
21	职业生涯规划	青年教师确定职业生涯规划情况和提高专业发展的有效方式等
22	职业认同	教师对职业身份的认同情况
23	教育理念	具有先进的教育理念情况
24	专业知识水平	教师具有的专业知识情况
25	人文、社会和自然知识	教师具有的人文、社会和自然知识的储备情况
26	职业道德	教师的师德和学术规范等情况
27	身体健康	教师的身体健康，保证各项学术活动的正常进行
28	精力充沛	教师在学术活动中感觉精力充沛，并投入大量的精力到工作中
29	工作家庭冲突	处理工作和生活间的关系情况
30	工作时间	教师在教学、科研、社会服务等方面投入的工作时间

4.1.2 大学青年教师专业发展影响因素测度指标体系的设计

综合以上研究结果，确定理论上大学青年教师专业发展的影响因素测度指标共30项，结合第三章影响因素结构的研究成果和本章访谈的研究结果，根据指标的含义，将30项影响因素测度指标归入到社会环境、工作场所和个体层面三个维度，结果如表4-5所示。

表4-5 大学青年教师专业发展影响因素测度指标体系

维度（3个）	影响因素指标（30个）
社会环境	法律法规、教育投入、社会发展、教育体制改革、教师社会地位、尊师重教的社会氛围和现代教育技术
工作场所	设立专项经费、学校硬件条件、整体氛围、发展平台和空间、组织领导、参与决策、跨学科团队建设、设立教师发展组织、评聘制度、晋升制度、薪酬制度、职业保障制度和培训制度
个体层面	职业生涯规划、职业认同、教育理念、专业知识水平、人文、社会和自然知识、职业道德、身体健康、精力充沛、工作家庭冲突和工作时间

4.2　大学青年教师专业发展状况问卷的设计和调查

4.2.1　问卷设计

调查问卷的内容主要包括三个部分：第一部分为大学青年教师整体职业发展情况的调查；第二部分为大学青年教师专业发展影响因素测度的关键指标和工作任务情况的调查，问题包括单选题、多选题和排序题三种题型；第三部分为个人基本情况调查。问卷中既有量表题也有非量表题，在题项中量表题的内容是被调查者的主观感受，非量表题的内容是被调查者的客观情况。

在问卷设计中，对于大学青年教师专业发展的总体状况采用"单一整体评估法"（Single Global Rating），由被调查者对自身的职业满意度、专业发展状况满意度进行整体判断。这种方法能够直接得到大学青年教师专业发展满意度和职业发展满意度的总体得分，从而了解到被调查者对职业和专业发展总体状况的满意度。但此种方法的缺陷是无法判断在大学青年教师专业发展中存在的具体问题。

问卷设计在采用"单一整体评估法"的基础上，采用了影响因素综合五点评分法和二分变量法。影响因素综合五点评分法强调由被调查者对影响其专业发展的多种要素进行评分，问卷按照认可程度设置为 5 点式评分。二分变量为"是、否"两种类别。

本次调查共包括两个阶段：第一阶段为预调查，第二阶段为正式调查。在预调查过程中，共发放调查问卷 50 份，收回 50 份，有效问卷 50 份。结合被调查大学青年教师对于调查问卷效度的反映情况以及调查结果的分析，删去内容不准确、语言表达不清晰、易引起被访者歧义的问题，最终生成本研究的正式调查问卷。正式调查问卷共 51 题，其中关于大学青年教师专业发展整体评判和各影响因素的状况调查共 37 题，个人基本情况调查 14 题。

4.2.2　问卷调查和样本分析

4.2.2.1　问卷调查

本研究实证调查主要以 40 周岁以下（含 40 周岁）的大学青年教师（不包括教辅人员和行政人员）作为调查对象。调查问卷的发放通过问卷星调查平台进行。为了保证调查结果的科学性、客观性和有效性，本研究采用随机抽样法，分别对我国东、中、西三个地区 29 个省（市）（北京、山西、山东、四川、河南、湖北、甘肃、上海、天津等）的 751 名大学青年教师进行了问卷调查，问卷全部有效。

4.2.2.2　样本分布

本研究将个体样本情况分为学校层面、职业层面和个体层面三类，从十二个维度对调查的个体样本进行分类：学校层面有所在学校的类别；职业层面有学历、职称、海外留学、工作经历、所属学科类别、所承担主要课程归属、是否为双肩挑教师等；个体层面有性别、年龄、教龄、婚姻状况、收入状况等。

调查结果显示，在学校层面，列入 985、211 和协同创新平台的高校占到近30%；在职业层面，具有博士学位和硕士学位的占 84%，具有教授、副教授等高级职称的占 31%、讲师占 51%，有海外留学或工作经历的占 23%；在个体层面，男性青年教师与女性青年教师的比例约为 4∶6，年龄在 30～40 岁的占 71%，教龄在 3～8 年的占 31.3%，月收入在 5 000～6 999 元的占 30.76%，月收入在7 000～8 999 元的占 26.23%。以上数据表明：大学青年教师的学历水平高，处于中级职称的青年教师人数多，有海外留学或工作经验的比例少，女教师多于男教师，青年教师教龄集中在 3～8 年，月收入集中在 5 000～8 999 元。调查对象基本涵盖了不同高校类型、不同人口特征和职业特征的青年教师，调查能够全面、真实地反映大学青年教师专业发展的相关现状，揭示大学青年教师专业发展中影响因素和存在的问题。具体分布情况如表 4－6 所示。

表 4－6　接受调查教师的个体样本分布（N = 751）

	被试项目	样本数量	所占比例
性别	男	308	41.01%
	女	443	58.99%
年龄	30 岁以下	91	12.12%
	30～35 岁	285	37.95%
	36～40 岁	246	32.76%
	40 岁以上	129	17.18%
教龄	3 年以下	160	21.30%
	3～5 年	135	17.98%
	6～8 年	100	13.32%
	8 年及以上	356	47.40%

续表

	被试项目	样本数量	所占比例
学历	博士研究生	321	42.74%
	硕士研究生	313	41.68%
	大学本科	104	13.85%
	其他	13	1.73%
海外留学、工作经历	有	173	23.04%
	无	578	76.96%
职称	教授	36	4.79%
	副教授	196	26.1%
	讲师	381	50.73%
	助教	63	8.39%
	未定职级	75	9.99%
婚姻状况	已婚	643	85.62%
	未婚	97	12.92%
所任职高校类型	985 工程高校	48	6.39%
	211 工程高校	89	11.85%
	协同创新平台高校	73	9.72%
	未列入各项工程高校	541	72.04%
所属学科类别	哲学	18	2.40%
	文学（外语、艺术）	91	12.12%
	历史学	15	2.00%
	法学	35	4.66%
	经济学	113	15.05%
	管理学	224	29.83%
	理学	81	10.79%
	工学	96	12.78%
	农学（林学）	11	1.46%
	医学	8	1.07%
	教育学	55	7.32%
	军事学	4	.53%

续表

	被试项目	样本数量	所占比例
所承担主要课程归属	公共基础课程	129	17.18%
	专业基础课程	186	24.77%
	专业课程	287	38.22%
	选修课程	63	8.39%
	兼有	86	11.45%
学期月收入情况	3 000 及以下	71	9.45%
	3 000 ~ 4 999	171	22.77%
	5 000 ~ 6 999	231	30.76%
	7 000 ~ 8 999	197	26.23%
	9 000 及以上	81	10.79%
双肩挑与否	是	247	32.89%
	否	504	67.11%

4.2.3 问卷的信度效度检验

4.2.3.1 信度检验

信度（reliability）主要是指测量结果的可靠性、一致性和稳定性，即测验结果是否反映了被测者稳定的、一贯性的真实特征。信度可以视为测试结果受随机误差影响的程度。克朗巴哈（信度）系数（Cronbach's Alpha）是常用的信度检验方法。

本次问卷总量表的克朗巴哈系数为0.849，表明整个量表信度高。

本次问卷将影响大学青年教师专业发展的因素分为三个维度，分别是社会环境层面、工作场所层面和个体层面。将调查问卷结果录入 SPSS 软件进行问卷信度检验，输出的分量表三个部分的克朗巴哈系数如表4 - 7所示，可见社会环境层面和个体层面的克朗巴哈系数较工作场所层面的克朗巴哈系数偏低，但三部分均达到了可以接受的水平。

表 4 - 7 《大学青年教师专业发展状况》问卷的 Cronbach's Alpha 值

问卷部分	社会环境层面	工作场所层面	个体层面
Cronbach's Alpha	.682	.842	.694

4.2.3.2　效度检验

效度（validity）亦称测试的有效性，即一套测试是否达到了它的预定目的以及是否测量了它要测量的内容。效度检验是建立在信度检验的基础上。效度是相对的，仅针对特定目标而言，因此只有程度上的差别。效度一般分为三种类型：内容效度、准则效度和结构效度。常用的检验方法是 Bartlett 球度检验和 KMO 值。

本问卷将可能影响大学青年教师专业发展的 30 个变量做是否合适进行因子分析的检验，结果如表 4 – 8 所示。

表 4 – 8　《大学青年教师专业发展状况》问卷的 KMO 和 Bartlett 检验

取样足够度的 Kaiser – Meyer – Olkin 度量		.849
Bartlett 的球形度检验	近似卡方	5 169. 079
	df	435
	Sig.	. 000

可见，KMO 检验系数为 0. 849 > 0. 5，Bartlett 球度检验的卡方统计量值在 0. 05 的显著性水平下显著证明各个变量间是相关的。经过检验，问卷具有结构效度，适合进行因子分析。

4.3　大学青年教师专业发展影响因素模型的构建

大学青年教师专业发展影响因素的研究主要是对各影响因素、影响因素结构及其作用程度的研究。影响因素测度指标的选择及其重要性分析具有十分重要的意义，也将对制定促进大学青年教师专业发展的政策具有借鉴意义。本部分采用最优尺度回归和信息熵的方法计算大学青年教师专业发展影响因素测度指标的重要程度，对各指标的重要性进行分析，并对两种研究方法得出的指标重要性进行对比，完成对纳入模型中的影响因素测度指标的筛选。

4.3.1　基于最优尺度回归的影响因素测度指标重要性分析

现实问题中的大量数据属于分类资料，一方面，分类指标往往以无序变量的形式出现，例如调查问卷中的教师专业发展状况、职业满意度等；另一方面，即便在分类指标有序的情况下，它们对因变量的影响程度也往往是不均匀的。为解决无序多分类变量的尺度效用带来的问题，荷兰 Leiden 大学 DTSS 课题组开发研制了一个新增 SPSS 应用程序——最优尺度回归。该回归分析方法允许各种类型的分类变量，数据处理过程中对原始变量进行相应的非线性变换，经过反复迭代确立最佳方程式。其优势在于进行定序类因变量回归分析和因素分析时假设前提较少，因而更符合实际情况。由于该回归方法使用最优量化评分替代原始变量，因而可以在后续分析中度量出多分类自变量的重要程度。

因此，我们以大学青年教师专业发展状况为因变量进行最优尺度回归，回归结果如表4-9~表4-12所示。

表4-9　模型汇总

多 R	R^2	调整 R^2	明显预测误差
0.676	.457	.407	.543

表4-10　方差（ANOVA）

	平方和	df	均方	F	Sig.
回归	342.433	63	5.435	9.149	.000
残差	407.567	686	.594		
总计	750.000	749			

表4-11　最优尺度回归系数

	标准系数		df	F	Sig.
	Beta	标准误差的 Bootstrap（1 000）估计			
5. 教育投入	.084	.037	4	5.318	.000
6. 社会发展	-.048	.047	2	1.035	.356
7. 教育体制改革	.039	.062	2	.384	.681
8. 法律法规	.070	.045	2	2.431	.089
9. 教师社会地位	.164	.059	3	7.750	.000
10. 尊师重教的社会氛围	.027	.085	1	.097	.756
11. 现代教育技术	-.010	.032	2	.102	.903
12. 设立专项经费	.041	.035	2	1.393	.249
13. 学校硬件条件	-.009	.031	2	.081	.922

续表

	标准系数		df	F	Sig.
	Beta	标准误差的 Bootstrap（1 000）估计			
14. 整体氛围	.153	.051	4	9.116	.000
15. 发展平台和空间	.098	.059	2	2.821	.060
16 参与决策	-.038	.068	3	.317	.813
17. 组织领导	.146	.123	1	1.416	.234
18. 跨学科团队	.026	.066	2	.156	.855
19. 设立教师发展组织	-.028	.038	1	.539	.463
20. 评聘制度	.026	.035	2	.550	.577
21. 晋升制度	.111	.032	2	11.812	.000
22. 薪酬制度	.074	.032	3	5.374	.001
23. 职业保障制度	-.040	.048	1	.692	.406
24. 培训制度	-.048	.042	2	1.318	.268
29. 职业生涯规划	.080	.032	2	6.371	.002
32. 职业认同	.162	.039	2	17.623	.000
33. 教育理念	-.045	.037	2	1.508	.222
34. 专业知识水平	.076	.042	3	3.222	.022
35. 人文、社会和自然科学知识	-.052	.056	1	.865	.353
36. 职业道德	.038	.034	2	1.274	.280
37. 身体健康	-.033	.036	2	.844	.431
38. 精力充沛	.126	.038	2	10.864	.000
39. 工作家庭冲突	.036	.033	2	1.228	.294
40. 工作时间	.014	.035	2	.157	.854

表 4-12　最优尺度回归相关性和容差

	相关性			重要性	容差	
	零阶	偏	部分		转换后	转换前
14. 整体氛围	.491	.146	.109	.164	.506	.421
32. 职业认同	.433	.180	.135	.154	.687	.702

续表

	相关性			重要性	容差	
	零阶	偏	部分		转换后	转换前
9. 教师社会地位	.417	.181	.136	.150	.689	.466
17. 组织领导	.346	.158	.118	.111	.647	.455
15. 发展平台和空间	.455	.093	.069	.098	.486	.376
38. 精力充沛	.330	.139	.103	.091	.670	.676
22. 薪酬制度	.290	.090	.067	.047	.823	.821
29. 职业生涯规划	.227	.101	.075	.040	.874	.888
21. 晋升制度	.163	.141	.105	.040	.892	.885
34. 专业知识水平	.186	.090	.067	.031	.779	.744
5. 教育投入	.132	.102	.076	.024	.806	.807
8. 法律法规	.154	.088	.065	.023	.873	.773
7. 教育体制改革	.257	.046	.034	.022	.766	.715
12. 设立专项经费	.214	.049	.036	.019	.797	.787
20. 评聘制度	.321	.029	.021	.018	.693	.699
18. 跨学科团队	.313	.029	.021	.018	.651	.540
10. 尊师重教的社会氛围	.197	.033	.024	.011	.831	.463
36. 职业道德	.115	.048	.036	.010	.866	.872
39. 工作家庭冲突	.103	.043	.032	.008	.773	.765
6. 社会发展	−.040	−.059	−.044	.004	.845	.848
40. 工作时间	.080	.016	.012	.002	.770	.778
11. 现代教育技术	.026	−.013	−.009	−.001	.855	.859
13. 学校硬件条件	.151	−.011	−.008	−.003	.808	.764
24. 培训制度	.047	−.063	−.046	−.005	.934	.926
33. 教育理念	.066	−.057	−.042	−.007	.873	.877
19. 设立教师发展组织	.130	−.034	−.025	−.008	.837	.819
35. 人文、社会和自然科学知识	.082	−.062	−.046	−.009	.794	.736
23. 职业保障制度	.119	−.050	−.037	−.010	.847	.848
37. 身体健康	.154	−.039	−.029	−.011	.771	.773
16. 参与决策	.377	−.039	−.029	−.032	.560	.452

从模型结果看（如表 4 – 9 所示），模型的 R 方为 0.457，明显预测误差为 0.543，在解释变量有限条件下，模型总体拟合效果较好。从方差分析结果看（如表 4 – 10 所示），F 检验的 P 值小于 0.001，说明变量的解释能力总体上是显著的。

由表 4 – 12 中各影响因素的重要性系数按照由高到低排列：学校的整体氛围、教师对职业的认同、教师的社会地位、学校的组织领导方式、学校提供的发展平台和空间、教师在工作中感到精力充沛、学校提供的薪酬水平、学校的晋升制度、教师具有的专业知识水平、教育投入、法律法规、教育体制改革、设立专项经费、评聘制度、跨学科团队在大学青年教师专业发展各影响因素中处于前 15 位（其中第 15 和 16 位的最优尺度回归重要性计算结果相同）。其中学校层面各因素占到 50%，个体层面因素和社会层面因素分别占 25%。

4.3.2　基于熵值的影响因素测度指标重要性分析

对大学青年教师专业发展影响因素测度指标，使用信息熵的方法进行指标重要性分析。熵的概念最初来源于热力学，是描述分子混乱度的物理量（Clausius，1865）。L. Boltzmann 在 1877 年推导了 Boltzmann 方程和 H 定理，赋予了熵的统计意义。1948 年美国数学家香农（Shannon）首次将熵的概念引入到信息论中，解决了对信息的量化度量问题，奠定了现代信息论的基础。他用熵来刻画或描述通信系统内信号源的随机性，也就是信息无序度，熵越大表示信息的无序化程度越高，相对应的信息效用越低。

（1）信息熵

设离散变量 $X \in \{x_1, \cdots x_k\}$，$p_j = P(X = x_j)$，则 X 的信息熵 $H(X)$ 定义为：

$$H(X) = - \sum_{j=1}^{k} p_j \ln p_j \qquad (4-1)$$

$H(X)$ 值越大，表示 X 取值的不确定性越大。

（2）条件熵

设属性集合 $Y \in \{y_1, \cdots y_k\}$ 和属性集合 $X \in \{x_1, \cdots x_i \cdots\}$，则属性 Y 相对于属性 X 的条件熵 $H(Y \mid X = x)$ 定义为：

$$H(Y \mid X = x) = - \sum_{j=1}^{k} p(y_j \mid x) \ln p(y_j \mid x) \qquad (4-2)$$

则：

$$H(Y \mid X) = - \sum_{X \in \{x_1, \cdots x_i, \cdots\}} p(x_i) H(Y \mid X = x_i)$$

$$= -\sum_{X \in \{x_1, \cdots x_i, \cdots\}} \sum_{j=1}^{k} p(x_i) p(y_j \mid x_i) \ln p(y_j \mid x_i)$$

$$= -\sum_{X \in \{x_1, \cdots x_i, \cdots\}} \sum_{j=1}^{k} p(x_i, y_j) \ln p(y_j \mid x_i) \qquad (4-3)$$

条件熵反映了一个属性集对于另一个属性集的依赖度，即已知属性 X 的取值后，属性 Y 取值的不确定性还有多大。本书以条件熵反映的信息增益作为解释变量重要性的方法依据。

（3）互信息

互信息反映了已知属性 X 的取值后，属性 Y 取值的不确定性的减少量，表示为：

$$I(X;Y) = H(Y) - H(Y \mid X)$$
$$I(Y;X) = H(X) - H(X \mid Y)$$

（式4-4）

由于互信息反映的是属性 X 和属性 Y 公共信息量的大小，所以有：
$I(X;Y) = I(Y;X)$ ，如图4-1所示。

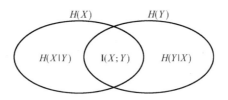

图4-1　熵、条件熵、互信息三者关系

本书利用信息熵度量各解释变量对大学青年教师专业发展的影响程度：设 Y 是大学青年教师专业发展集，X 是影响大学青年教师专业发展的影响因素的某个条件属性集，分别计算大学青年教师专业发展对各影响因素的条件信息熵 $H(Y \mid X)$ ，而后按各影响因素对应的条件信息熵值排队，按条件信息熵取值由小到大界定各条件属性重要程度的高低排序；同理，由互信息概念，也可以计算 X 对 Y 的条件信息熵 $H(X \mid Y)$ ，而后根据式（4-4）互信息 $I(X;Y)$ ，互信息 $I(X;Y)$ 值越大，属性 X 的重要性越大。因此说根据这两种条件熵对影响因素 X 重要性的测度是等价的。

根据大学青年教师发展状况调查样本计算条件熵步骤如下：

步骤1：求联合分布

设大学青年教师对 k 类发展程度进行选择，则大学青年教师专业发展 $Y \in \{y_1, \cdots y_k\}$ ，设大学青年教师专业发展影响因素有 m 种取值，即 $X \in \{x_1, \cdots x_m\}$ ，

$n_{ij}(i = 1,2,\cdots m, j = 1,2,\cdots k)$ 表示 $\{X = x_i, Y = y_j\}$ 的样本个数。若样本容量为 N，有 $N = \sum\limits_{j=1}^{k} \sum\limits_{i=1}^{m} n_{ij}$，设 $p(x_i, y_j)$ 为 X，Y 的联合分布律，即：

$$p(x_i, y_j) = \frac{n_{ij}}{N}$$

步骤 2：求边缘分布和条件分布概率

由联合分布，大学青年教师专业发展的边缘分布为 $p(x_i) = \sum\limits_{j=1}^{k} p(x_i, y_j) = \frac{1}{N} \sum\limits_{j=1}^{k} n_{ij}$，

则可求条件分布：

$$p(y_j \mid x_i) = \frac{p(x_i, y_j)}{p(x_i)} = \frac{n_{ij}}{\sum\limits_{j=1}^{k} n_{ij}}$$

步骤 3：计算条件熵并进行条件属性重要性排序

利用以上联合分布和条件分布概率，根据式（4-3）和式（4-4），求出影响大学青年教师专业发展的各影响因素的条件熵，$H(Y \mid X = x)$ 和 $H(Y \mid X)$，而后进行排序，结果如表 4-13 所示。

表 4-13　按条件熵计算的影响因素重要性排序

序号	影响因素	条件熵值	序号	影响因素	条件熵值
1	发展平台和空间	1.191 978	13	专业知识水平	1.299 389
2	整体氛围	1.192 49 4	14	法律法规	1.305 781
3	组织领导	1.214 294	15	职业生涯规划	1.319 337
4	教师社会地位	1.227 928	16	人文、社会和自然科学知识水平	1.320 553
5	尊师重教的社会氛围	1.241 827			
6	职业认同	1.242 066	17	设立专项经费	1.320 554
7	跨学科团队建设	1.244 568	18	设立教师发展组织	1.324 457
8	参与决策	1.24 798	19	社会发展	1.326 099
9	精力充沛	1.284 736	20	高等教育投入	1.327 641
10	评聘制度	1.290 799	21	晋升制度	1.329 385
11	高等教育体制改革	1.292 735	22	身体健康	1.331 443
12	薪酬制度	1.296 838	23	学校硬件条件	1.332 190

序号	影响因素	条件熵值	序号	影响因素	条件熵值
24	工作家庭冲突	1.337 025	28	培训制度	1.340 669
25	职业道德	1.337 616	29	教育理念	1.342 958
26	职业保障制度	1.33 832	30	现代教育技术	1.344 906
27	工作时间	1.338 737			

由以上指标重要性（条件熵）排序可以看出，发展平台和空间、整体氛围、组织领导、教师社会地位、尊师重教的社会氛围、职业认同、跨学科团队建设、参与决策、精力充沛、评聘制度、高等教育体制改革、薪酬制度、专业知识水平、法律法规、职业生涯规划等影响因素对大学青年教师专业发展产生较大影响，其中学校层面的各因素占到47%，其次是个体层面的和社会层面的因素，都占到27%。

4.3.3 基于最优尺度回归和熵值的影响因素模型构建

大学青年教师专业发展影响因素模型的构建建立在对影响因素测度指标的筛选基础上。本研究根据最优尺度回归结果，筛选重要性选择处于前16位的影响因素测度指标；同时，根据熵值的计算结果，选取重要性选择处于前16位的影响因素测度指标，结果如表4-14所示。

表4-14　影响因素模型指标的筛选

基于最优尺度回归的影响因素重要性			基于熵值影响因素重要性		
序号	指标	归入维度	序号	指标	归入维度
1	整体氛围	工作场所	1	发展平台和空间	工作场所
2	职业认同	个体层面	2	整体氛围	工作场所
3	教师社会地位	社会环境	3	组织领导	工作场所
4	组织领导	工作场所	4	教师社会地位	社会环境
5	发展平台和空间	工作场所	5	尊师重教的社会氛围	社会环境
6	精力充沛	个体层面	6	职业认同	个体层面
7	薪酬制度	工作场所	7	跨学科团队建设	工作场所
8	职业生涯规划	个体层面	8	参与决策	工作场所
9	晋升制度	工作场所	9	精力充沛	个体层面
10	专业知识水平	个体层面	10	评聘制度	工作场所

续表

基于最优尺度回归的影响因素重要性			基于熵值影响因素重要性		
11	教育投入	社会环境	11	教育体制改革	社会环境
12	法律法规	社会环境	12	薪酬制度	工作场所
13	教育体制改革	社会环境	13	专业知识水平	个体层面
14	设立专项经费	工作场所	14	法律法规	社会环境
15	评聘制度	工作场所	15	职业生涯规划	个体层面
16	跨学科团队建设	工作场所			

按照最优尺度回归和信息熵两种计算方法的结果，为最大限度保证大学青年教师专业发展影响因素模型所涵盖测度指标的重要性和全面性，将两种方法计算出的重要性位于前列的影响因素测度指标进行综合，共得到 18 项影响因素模型指标，分别是：学校的整体氛围、教师对职业的认同、教师的社会地位、学校的组织领导方式、学校提供的发展平台和空间、教师在工作中感到精力充沛、学校提供的薪酬水平、学校的晋升制度、教师具有的专业知识水平、教育投入、法律法规、教育体制改革、设立专项经费、评聘制度、跨学科团队、尊师重教的社会氛围、参与决策、职业生涯规划。

将筛选的 18 项影响因素测度指标作为二级指标，归入社会环境、工作场所和个体三个维度，构建起了大学青年教师专业发展的影响因素模型，如表 4 – 15 所示。

表 4 – 15　基于指标筛选的大学青年教师专业发展影响因素模型构建

因变量	影响因素维度	影响因素测度指标	题项
大学青年教师专业发展	社会环境	教育投入	5
		教育体制改革	7
		法律法规	8
		教师社会地位	9
		尊师重教的社会氛围	10
	工作场所	设立专项经费	12
		整体氛围	14
		发展平台和空间	15

因变量	影响因素维度	影响因素测度指标	题项
大学青年教师专业发展	工作场所	参与决策	16
		组织领导	17
		跨学科团队建设	18
		评聘制度	20
		晋升制度	21
		薪酬制度	22
	个体层面	职业生涯规划	29
		职业认同	32
		专业知识水平	34
		精力充沛	38

　　未纳入模型中的 12 项影响因素，属于社会层面的有社会发展和现代教育技术两个因素；属于工作场所层面的有学校硬件条件、设立教师发展组织、职业保障制度和培训制度四个因素；属于个体层面的有教育理念、人文、社会和自然知识、职业道德、身体健康、工作家庭冲突和工作时间等六个因素。

　　在问卷调查中，反映以上影响因素的调查结果如下：73% 的大学青年教师认为社会消极因素阻碍了其专业发展；92% 的大学青年教师利用了多媒体网络技术支持教学工作和学生学习；87% 的青年教师没有独立的办公用房；77% 的大学青年教师认为学校为其足额缴纳了社保和公积金；76.7% 的大学青年教师在单位接收培训的次数少于 5 次；大学青年教师所在学校设立了教师发展组织的只占到39%；96% 的大学青年教师愿意接受先进的教育理念；92% 的大学青年教师认为自己具有较好的人文、社会和自然知识；认为青年教师群体中的学术不端现象是否严重的各占 50% 左右；86% 的大学青年教师身体处于健康状态；认为承担家庭任务占用了很多时间的大学青年教师占 55%；因为家庭原因放弃参加学术会议或学术交流机会的大学青年教师占到 64%。在以上影响因素中，绝大部分因素由于选项比较集中，无法对比差异性。同时也表明随着社会的发展和进步，以上绝大部分因素已经实现，因此，这些因素不对大学青年教师的专业发展起显著作用。

4.4　大学青年教师专业发展影响因素模型的验证

4.4.1　验证性因子分析

在上述对影响因素指标重要性进行分析并进行指标筛选后，本章采用验证性因子分析方法对大学青年教师专业发展模型的影响因素进行结构分析，并对变量间的关系进行度量。验证性因子分析常采用结构方程分析，也称为结构方程建模（Structural Equation Model，SEM）。验证性因子分析是根据一定的理论与先验知识，对因子的结构维度及变量间的关系已经预先确定好，通过验证性因子分析来进行合理性验证。

结构方程模型中包括可观测变量以及不可观测变量。可观测变量是在研究中能够直接收集到数据的变量；不可观测变量（即潜变量）是模型中引入的抽象的不能直接观测到的变量。潜变量的引入达到了简化变量间关系的目的。潜变量的确定有助于更好地研究模型的结构，测度变量之间的联系。结构方程通过数据的计算来检验理论上建立的变量间的因果关系，能够通过线性系数精确地说明变量间的关系。

本研究假设大学青年教师专业发展影响因素模型是由社会层面、工作场所层面和个体层面三个维度的影响因素构成。本部分采用结构方程的方法，使得大学青年教师专业发展这一抽象的不能够直接进行测量的概念得到测量，同时将大学青年教师专业发展放置在因果关系体系中加以研究，得到了影响大学青年教师专业发展因素的有关量化信息。本研究表明了大学青年教师专业发展这一潜变量与社会环境、工作场所和个体层面三个潜变量之间的量化关系，以及社会环境、工作场所和个体层面三个潜变量与观测变量之间的回归关系。

本研究使用了调查问卷的 751 份样本数据，运用 SPSS AMOS（Analysis of Moment Structure）20.0 软件进行验证性因子分析。

本研究对结构方程模型的评价主要从模型外在质量和内在质量两方面进行考量。其中，内在质量评估是关注测量变量是否足以反映其相对应的潜在变量（即效度和信度）以及理论建构时所界定的因果关系是否正确；外在质量评估即整体模型适配度检验，评价路径分析模型图和搜集的数据是否相互适配，是假设的理论模型和实际数据一致性程度的评价。通过上述两个方面的原则对模型进行修正，主要的修正手段包括删除不显著的路径系数或显著但不合理的路径、释放参数、删除参数等。本研究中，可观测变量教育投入的 p 值为 0.353，估计值不显著，远高于通常采用的显著性水平，所以删除社会环境层面影响因素中教育投入这项指标。

结构方程的参数估计结果如表 4 – 16 所示。

表 4 – 16　模型回归系数（Regression Weights）

			Estimate	S. E.	C. R.	P	Label
工作场所	< – –	社会环境	.575	.041	14.035	***	par_ 8
个体层面	< – –	社会环境	.094	.024	3.872	***	par_ 9
个体层面	< – –	工作场所	.192	.026	7.494	***	par_ 14
专业发展	< – –	社会环境	.162	.044	3.664	***	par_ 12
专业发展	< – –	个体层面	1.000				
专业发展	< – –	工作场所	.323	.049	6.657	***	par_ 13
Q1 职业满意度	< – –	专业发展	.786	.045	17.476	***	par_ 1
Q2 发展状况满意度	< – –	专业发展	1.000				
Q3 离职倾向	< – –	专业发展	.343	.026	13.208	***	par_ 2
Q38 精力充沛	< – –	个体层面	.745	.069	10.857	***	par_ 3
Q10 尊师重教的社会氛围	< – –	社会环境	.944	.050	18.810	***	par_ 4
Q9 教师社会地位	< – –	社会环境	1.000				
Q8 法律法规	< – –	社会环境	.173	.041	4.182	***	par_ 5
Q7 教育体制改革	< – –	社会环境	.256	.040	6.416	***	par_ 6
Q14 整体氛围	< – –	工作场所	.951	.039	24.593	***	par_ 7
Q15 发展平台和空间	< – –	工作场所	1.000				
Q17 组织领导	< – –	工作场所	.856	.037	23.069	***	par_ 15
Q18 跨学科团队	< – –	工作场所	.811	.040	20.407	***	par_ 16
Q20 评聘制度	< – –	工作场所	.296	.022	13.573	***	par_ 17
Q21 晋升制度	< – –	工作场所	.081	.023	3.577	***	par_ 18
Q22 薪酬制度	< – –	工作场所	.290	.026	10.988	***	par_ 19
Q12 设立专项经费	< – –	工作场所	.194	.022	8.769	***	par_ 21
Q16 参与决策	< – –	工作场所	.818	.037	22.091	***	par_ 22
Q29 职业生涯规划	< – –	个体层面	.431	.061	7.012	***	par_ 23
Q34 专业知识	< – –	个体层面	.564	.097	5.806	***	par_ 24
Q32 职业认同	< – –	个体层面	1.000				

注：*** 表示在显著性水平 $\alpha = 0.001$ 下，该系数显著。

潜变量的组合信度是模型的内在质量判别标准之一，一般要求组合信度在 0.6（有研究者确定为 0.5）以上。本研究中模型的内在质量取值见表 4 – 17，表明模型内在质量很好，四个潜变量的相关达到显著水平。

表 4 – 17 模型内在质量取值

潜变量	观察变量	因素负荷量标准化参数	信度系数	测量误差	组合信度	平均方差抽取量
专业发展	Q1	.72	.518 4	.481 6	.721 626 4	.469 587
	Q2	.78	.608 4	.391 6		
	Q3	.531	.281 961	.718 039		
个体层面	Q29	.308	.094 864	.905136	.516 314 5	.237 812 5
	Q38	.515	.265 225	.734 775		
	Q34	.256	.065 536	.934 464		
	Q32	.725	.525 625	.474 375		
社会环境	Q10	.826	.682 276	.317 724	.6311 834	.3667 775
	Q9	.831	.690 561	.309 439		
	Q8	.168	.028 224	.971 776		
	Q7	.257	.066 049	.933 951		
工作场所	Q14	.791	.625 681	.374319	.8267181	.3806339
	Q15	.833	.693 889	.306 111		
	Q16	.731	.534 361	.465 639		
	Q17	.754	.568 516	.431 484		
	Q18	.687	.471 969	.528 031		
	Q12	.328	.107 584	.892 416		
	Q20	.49	.240 1	.759 9		
	Q21	.137	.018 769	.981 231		
	Q22	.406	.164 836	.835 164		

结构方程模型进行参数估计后，要对估计后的模型进行拟合检查和评价。验证性因子分析有很多检验标准，主要依据的是拟合指数。本研究主要选取了卡方自由度（χ^2/df）、比较拟合指数（CFI）、规范拟合指数（NFI）、增量拟合优度指数（IFI）和近似误差均方根（RMSEA）五个指标作为检验比较的标准。

①卡方比率：卡方值与自由度的比值。

②比较拟合系数（CFI）：设定模型的拟合与独立模型拟合之比。

③规范拟合指数（NFI）：设定模型的 $\chi 2$ 与独立模型的 $\chi 2$ 之比。

④增量拟合指数（IFI）：可以克服 NFI 的均值对样本容量的依赖弊端。

⑤近似误差均方根（RMSEA）：总体差异与自由度的比值，其受样本容量影响小，故成为近年来应用较为广泛的拟合指数之一。

模型整体适配度检验统计量值如表 4 – 18 所示。

表 4 – 18　模型整体适配度检验统计量值

统计量		临界值	统计量取值
绝对适配度	RMR	<0. 05	. 02
	RMSEA	<0. 08	. 034
	GFI	>0. 90	. 96
	AGFI	>0. 90	. 95
增值适配度	NFI	>0. 90	. 91
	RFI	>0. 90	. 94
	IFI	>0. 90	. 97
	TLI	>0. 90	. 96
	CFI	>0. 90	. 97
简约适配度	PGFI	>0. 50	. 74
	PNFI	>0. 50	. 8
	PCFI	>0. 50	. 83
	卡方自由度比	<0. 20	1. 88
	AIC	理论模型值小于独立	400. 0 <420. 0　400. 0 <470 8. 5
	CAIC	模型值和饱和模型值	670. 0 <160 0. 5　670. 0 <482 1. 0

由计算结果可见，$\chi 2/df$ 为 1. 88，CFI、NFI、IFI 分别是 0. 97、0. 91、0. 97，而 RMSEA 为 0. 034，低于 0. 1，综合以上指数进行判断，该模型与数据适配程度很高。

4.4.2　模型的验证与阐释

研究的结果证实了大学青年教师专业发展影响因素的社会环境、工作场所层面、个体层面三个纬度因素都对大学青年教师的专业发展具有显著影响。大学青年教师专业发展的影响因素是一个多维的概念，大学青年教师专业发展影响因素模型如图 4 - 2 所示。

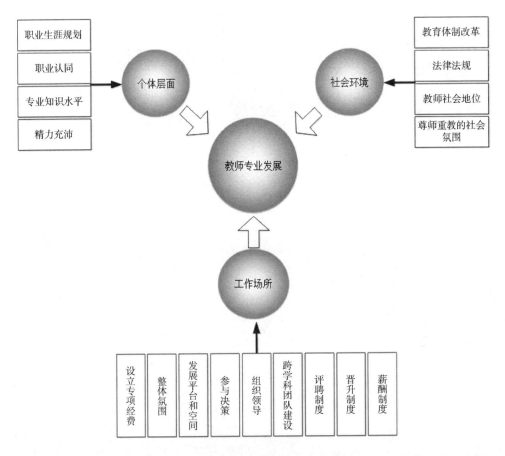

图 4 - 2　大学青年教师专业发展影响因素模型

　　结构方程模型还可以用路径图来表示，本调查在 AMOS 中绘制的结构方程模型参数估计的路径图如图 4 - 3 所示。

　　青年教师专业发展、社会层面因素、工作场所层面因素和个体层面因素用椭圆表示，为潜变量；从潜变量指向可测变量的单项箭头表示两者之间的反映关系，如社会层面因素这一潜变量可以用教育体制改革、法律法规、教师社会地位和尊师重教的社会氛围来测量；从误差指向变量的单向箭头表示该变量的误差或残差。误差和残差也是无法测量的。在 AMOS 绘制的路径图里，箭头标记的数字"1"表示该路径系数的数值固定为 1。

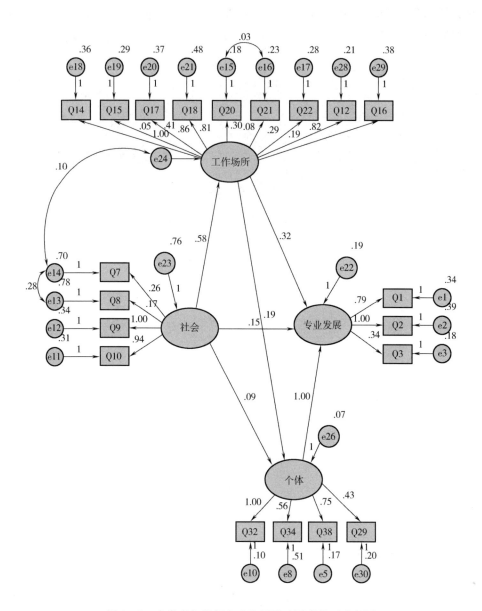

图4-3 大学青年教师专业发展影响因素模型路径图

采用标准化后的回归系数考虑各个可观测变量与潜变量之间的关系。标准化回归系数结果如表4-19所示。

表 4 – 19　标准化回归系数（Standardized Regression Weights）

			Estimate
工作场所	<－－－	社会环境	.616
个体	<－－－	社会环境	.242
个体	<－－－	工作场所	.464
专业发展	<－－－	社会环境	.182
专业发展	<－－－	个体层面	.436
专业发展	<－－－	工作场所	.340
Q1 职业满意度	<－－－	专业发展	.720
Q2 发展状况满意度	<－－－	专业发展	.780
Q3 离职倾向	<－－－	专业发展	.531
Q38 精力充沛	<－－－	个体层面	.515
Q10 尊师重教的社会氛围	<－－－	社会环境	.826
Q9 教师社会地位	<－－－	社会环境	.831
Q8 法律法规	<－－－	社会环境	.168
Q7 教育体制改革	<－－－	社会环境	.257
Q14 整体氛围	<－－－	工作场所	.791
Q15 发展平台和空间	<－－－	工作场所	.833
Q17 组织领导	<－－－	工作场所	.754
Q18 跨学科团队	<－－－	工作场所	.687
Q20 评聘制度	<－－－	工作场所	.490
Q21 晋升制度	<－－－	工作场所	.137
Q22 薪酬制度	<－－－	工作场所	.406
Q12 设立专项经费	<－－－	工作场所	.328
Q16 参与决策	<－－－	工作场所	.731
Q29 职业生涯规划	<－－－	个体层面	.308
Q34 专业知识	<－－－	个体层面	.256
Q32 职业认同	<－－－	个体层面	.725

　　根据标准化后的回归系数计算潜变量对青年教师专业发展的影响权重以及各观测指标对青年教师专业发展的影响权重，结果见表 4 – 20。

表4-20 影响因素权重

潜变量	影响权重	指标	指标对潜变量的权重	指标对因变量的权重
社会环境	19.00%	Q10 尊师重教的社会氛围	39.67%	7.54%
		Q9 教师社会地位	39.91%	7.58%
		Q8 法律法规	8.07%	1.53%
		Q7 教育体制改革	12.34%	2.35%
工作场所	35.49%	Q14 整体氛围	15.34%	5.44%
		Q15 发展平台和空间	16.15%	5.73%
		Q17 组织领导	14.62%	5.19%
		Q18 跨学科团队	13.32%	4.73%
		Q20 评聘制度	9.50%	3.37%
		Q21 晋升制度	2.66%	0.94%
		Q22 薪酬制度	7.87%	2.79%
		Q12 设立专项经费	6.36%	2.26%
		Q16 参与决策	14.17%	5.03%
个体层面	45.51%	Q29 职业生涯规划	17.07%	7.77%
		Q34 专业知识	14.19%	6.46%
		Q32 职业认同	40.19%	18.29%
		Q38 精力充沛	28.55%	12.99%

表4-20的研究结果表明：个体层面影响因素对于大学青年教师专业发展影响作用是45.51%，影响最大；其次是工作场所层面因素，影响权重为35.49%；社会环境因素对大学青年教师专业发展影响作用相对于个体层面和工作场所层面较小，影响权重为19%。

从个体层面看，教师对职业认同和教师精力充沛是青年教师专业发展的最为重要的因素，分别占到18.29%和12.99%。青年教师走向大学教师的工作岗位，对职业的认同决定了其教学的态度、工作的方式以及专业发展的方式。青年教师对教师传播先进知识、开展前沿学科研究的工作具有较强的认可度，青年教师投入了大量的精力到工作中，这些因素对促进大学教师的专业发展具有重要意义。青年教师追求的目标不同、达到目标可用的资源不同、投入的精力不同，青年教师专业发展的水平就不会相同。强调个体层面的影响因素的作用，促使大学在制定教师发展制度时，以青年教师为本，同时激发大学青年教师内生发展需求，可促使大学青年教师积极主动地投入到专业发展中。

从学校层面看，学校给青年教师提供的发展平台和空间、整体的文化氛围、学校的组织领导方式、参与决策和跨学科团队等对青年教师专业发展影响作用最大，分别占到 5.73%、5.44%、5.19%、5.03% 和 4.73%。从原因分析来看，青年教师大多属于入职初期，处于融入一个新的集体和环境的关键期，是否能够融入和接受学校的文化、氛围对其专业发展意义重大。青年教师希望学校提供跨学科的研究团队，不断提高教学科研水平。青年教师对学校的组织领导方式较其他年龄段群体的反应更加敏感。在制定青年教师发展促进政策时，应充分重视学校层面的环境、制度、团队的组建，在制度的制定过程中要充分听取大学青年教师的意见，要充分体现制度设计的多元化和人性化特征。

从社会环境层面看，教师的社会地位和尊师重教的社会氛围对青年教师的专业发展影响大，分别占到 7.58% 和 7.54%。青年教师的专业发展是一个连续的逐渐完善的过程，其发展内涵也会随着社会政治、经济的发展和高等教育的改革而不断完善。《国家中长期教育改革和发展规划纲要（2010—2020）》指出，要"提高教师地位，维护教师权益，改善教师待遇，使教师成为受人尊重的职业"。促进青年教师的专业发展，要落实规划纲要的意见，要在政策体系上提供充分的支持和保障，要不断地提高教师的社会地位，促进青年教师受尊重需求的实现，为青年教师专业发展创造更好的外部大环境。

4.5　本章结论

本章采用了定性研究与定量研究相结合的方法构建了大学青年教师专业发展影响因素模型。本章主要结论如下。

1　通过理论分析、专家审议、评分和深度访谈研究，设计了大学青年教师专业发展影响因素测度的指标体系。上一章理论上构建的指标共有 27 个，专家审议增加的指标有 3 个，分别是设立专项经费、发展平台和空间、跨学科团队建设。基于理论研究和专家审议，建立了共包含法律法规，教育投入，社会发展，教育体制改革，教师社会地位，尊师重教的社会氛围，现代教育技术，设立专项经费，学校硬件条件，整体氛围，发展平台和空间，组织领导，参与决策，跨学科团队建设，设立教师发展组织，评聘制度，晋升制度，薪酬制度，职业保障制度，培训制度，职业生涯规划，职业认同，教育理念，专业知识水平，人文、社会和自然知识，职业道德，身体健康，精力充沛，工作家庭冲突和工作时间等30 个因素的指标体系。

2. 编制《大学青年教师发展状况调查问卷》。对大学青年教师的专业发展、职业发展和离职倾向的总体状况以及各影响因素在社会环境、工作场所和个体层面的状况进行调查，问卷面向 29 个省（市）的 751 名大学青年教师进行了调查，调查样本具有较好的代表性。经信效度检验，问卷具有较好内在信度和效度。

3. 对大学青年教师专业发展影响因素测度指标根据最优尺度回归和信息熵值进行重要性分析。综合最优尺度回归和信息熵值两种方法的结果，筛选出构建大学青年教师专业发展影响因素模型的 18 个因素，分别是学校的整体氛围、教师对职业的认同、教师的社会地位、学校的组织领导方式、学校提供的发展平台和空间、教师在工作中感到精力充沛、学校提供的薪酬水平、学校的晋升制度、教师具有的专业知识水平、教育投入、法律法规、教育体制改革、设立专项经费、评聘制度、跨学科团队、尊师重教的社会氛围、参与决策及职业生涯规划。

4. 通过验证性因子分析对大学青年教师专业发展影响因素模型进行验证，删除了教育投入这个估计值不显著的指标。经验证，$\chi2/df$ 为 1.88，CFI、NFI、IFI 分别是 0.97、0.91、0.97，而 RMSEA 为 0.034，低于 0.1。综合以上指数进行判断，构建的大学青年教师专业发展影响因素模型与实际数据之间有较好的拟合程度。构建的大学青年教师专业发展影响因素模型，共包含三个维度 17 个影响因素指标。其中：社会环境层面包括教育体制改革、法律法规、教师社会地位和尊师重教的社会氛围；工作场所层面包括：设立专项经费、整体氛围、发展平台和空间、参与决策、组织领导、跨学科团队建设、评聘制度、晋升制度和薪酬制度；个体层面包括职业生涯规划、职业认同、专业知识水平和精力充沛。

5. 经过实证分析可见，青年教师专业发展是个体、工作场所和社会环境因素共同作用的结果。个体层面影响因素对于大学青年教师专业发展的影响最大，其次是工作场所层面的因素，而社会环境因素对大学青年教师专业发展影响作用最小。从个体层面看，教师对职业的认同和教师的精力充沛是青年教师专业发展的最为重要的因素。从学校层面看，整体的文化氛围、学校给青年教师提供的发展平台和空间、学校的组织领导方式、青年教师参与决策等都对青年教师的发展起到非常重要的作用。从社会环境层面看，教师的社会地位和尊师重教的社会氛围对青年教师的专业发展影响较大。

本章构建的包含三个层面和 17 个影响因素测度指标的大学青年教师专业发展模型是下一章大学青年教师专业发展特征研究的重要基础。下一章将结合大学青年教师的专业发展在影响因素测度指标上和维度上的差异展开研究。

第5章 大学青年教师专业发展状况
和影响因素的实证分析

本章首先对大学青年教师专业发展的总体状况进行研究，实证大学青年教师专业发展、职业发展和离职倾向间的关系。在大学青年教师专业发展的影响因素中，除了第四章研究的社会环境、工作场所层面以及个体层面的因素外，不同的人口和组织特征变量也会对大学青年教师的专业发展产生影响。本章主要采用方差分析、决策树和聚类分析的方法，对不同人口和组织变量在大学青年教师专业发展影响效果上的显著性差异进行分析。为进一步研究影响因素作用于不同大学青年教师群体专业发展的差异性，将大学青年教师按照人口和组织特征"三分类"，并以第四章影响因素模型指标为基础，采用最优尺度回归等方法分析影响因素在三类教师群体间的差异。本章为对影响因素特征的实证分析，以进一步发现不同群体青年教师专业发展的特征，为大学青年教师专业发展政策的制定奠定基础。

5.1 大学青年教师专业发展的总体状况

5.1.1 专业发展状况满意度与职业满意度相关分析

根据本研究面向大学青年教师开展的问卷调查结果，对比大学青年教师的专业发展满意度和职业满意度，如图 5-1 所示，大学青年教师对专业发展状况的满意度和职业满意度都集中在满意的层面。专业发展满意度选择满意和很满意的受访者，共占到调查总体的 52.33%；职业满意度选择满意和很满意的受访者，共占到调查总体的 78.78%。这表明，大学青年教师总体的专业发展满意度和职业满意度较高。同时发现，专业发展满意度比例比职业发展满意度比例低 26.45 个百分点，总体上看，专业发展满意度低于职业发展满意度。

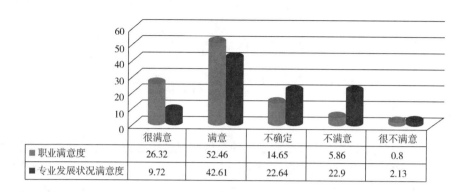

	很满意	满意	不确定	不满意	很不满意
■ 职业满意度	26.32	52.46	14.65	5.86	0.8
■ 专业发展状况满意度	9.72	42.61	22.64	22.9	2.13

图 5 - 1 职业发展与专业发展满意度对比

如表 5 - 1 所示，对职业发展满意和很满意的受访者中，有 16.07% 对其专业发展现状感到不满意和很不满意，有 19.46% 对专业发展现状的态度不确定。这表明青年对选择教师职业的认可度很高，但是由于其专业发展未得到重视或发展途径不完善等原因导致了专业发展满意度低于职业满意度，从而职业认同与专业发展现状认同在一定程度上存在差异。

表 5 - 1 职业满意度/专业发展状况满意度交叉制表

		2. 专业发展状况满意度					合计
		很不满意	不满意	不确定	满意	很满意	
1. 职业满意度	很不满意	2	4	0	0	0	6
	不满意	3	34	6	1	0	44
	不确定	4	46	49	8	3	110
	满意	6	75	95	214	4	394
	很满意	1	13	20	97	66	197
合计		16	172	170	320	73	751

从职业满意度与专业发展状况满意度的交叉表可以看出，以表中对角线为分界线，下半区受访者人数比例明显高于上半区。一方面说明，青年教师的职业认同度是专业发展状况满意度的基础，也就是说青年教师对其专业发展状况的满意度评价是以职业认同为重要逻辑起点的。另一方面说明，在职业满意度的基础上，青年教师对其专业发展状况的向下认同程度较大，向下认同比例达到 47.94%，其中向下认同的受访者中，平均向下认同 1.39 个满意度级别，这表明

青年教师专业发展现状与职业发展愿景存在一定落差。职业、专业认同度的较大差异揭示了青年教师发展的"心理契约"满足程度不高，反映出青年教师专业发展环境中各影响因素的契合度并不理想，青年教师的成长路径中存在阻碍因素，对教师队伍的稳定形成有一定的不利影响。

5.1.2　发展状况满意度与离职倾向相关分析

Willliams&Hazer 认为离职倾向是个体对离开当前工作所持有的倾向、愿望与计划①，本书将离职倾向作为反映大学青年教师专业发展情况的一个的重要指标。之所以采用离职倾向作为测度青年教师专业发展的重要指标，是因为离职倾向是离职行为中最有预测力的变量，离职倾向要比实际的离职行为更好地反映高校教师发展环境的优劣水平。如果教师群体的离职倾向很高，但由于离职成本等原因导致教师实际离职率表现为较低，则这种低离职率可能会掩盖教师专业发展中存在的问题。

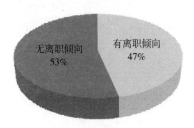

图 5 - 2　受访者离职倾向比例

如图 5 - 2 所示，大学青年教师无离职倾向的人数略高于有离职倾向的人数，但是，总体上有离职倾向的青年教师占到了 46.6% 的较高比例。这说明尽管青年教师对其专业发展和职业发展总体满意度较高，但青年教师队伍稳定性存在潜在风险，应对大学青年教师的离职倾向问题给予充分的重视。为测度职业满意度和专业发展满意度对离职倾向的作用程度，以下进行三者的相关性分析。

---

① Willliams L J, Hazer J T. Antecedents and Consequences of Satisfaction and Commitment in Turnover Models. A Reanalysis Using Latent Variable Structural Equation Methods ［J］. Journal of Applied Psychology, 1986, 71 (2)：219 - 231.

表 5 – 2　离职倾向与职业满意度、专业发展状况满意度相关性分析

		职业满意度	专业发展状况满意度	离职倾向
职业满意度	Pearson 相关性	1	.569 5 * *	.395 * *
	显著性（双侧）		.000	.000
专业发展状况满意度	Pearson 相关性	.569 * *	1	.415 * *
	显著性（双侧）	.000		.000
离职倾向	Pearson 相关性	.395 * *	.415 * *	1
	显著性（双侧）	.000	.000	

注：* * 表示在 0.01 水平（双侧）上显著相关。

根据表 5 – 2 的计算结果，离职倾向与专业发展状况满意度的相关系数为 0.415，离职倾向与职业满意度的相关系数为 0.395。这表明专业发展满意度和职业发展满意度对离职倾向具有相关关系，其中专业发展满意度对离职倾向的作用略高于职业发展满意度。随着大学青年教师对工作投入的增加，会获得职业和专业上的成长。在青年教师的成长过程中，若学校组织帮助其成长并实现了其成长的愿望，青年教师就会愿意继续留在组织中，有利于提高青年教师队伍的稳定性。

5.1.3　离职倾向与专业发展影响因素相关分析

为进一步测度大学青年教师专业发展影响因素对离职倾向的作用程度，在第四章建立的影响因素模型的基础上，以下对影响青年教师专业发展的 17 项影响因素测度指标对离职倾向的影响进行分析。根据离职倾向与影响因素的相关关系系数（见附录 F），在 0.01 显著性水平下，职业认同对离职倾向的影响为 0.336，发展平台和空间对离职倾向的影响为 0.332，整体氛围对离职倾向的影响为 0.296。进一步计算各影响因素对离职倾向的作用程度，如表 5 – 3 所示。结果表明：大学青年教师离职倾向主要受职业认同、发展平台和空间、教师社会地位的影响。

表 5 – 3　影响因素对离职倾向的重要性排序

序号	排序	重要性	序号	排序	重要性
1	职业认同	.264	3	教师社会地位	.150
2	发展平台和空间	.215	4	评聘制度	.125

续表

序号	排序	重要性	序号	排序	重要性
5	薪酬制度	.101	12	专业知识	.005
6	整体氛围	.084	13	晋升制度	-.004
7	精力充沛	.072	14	职业生涯规划	-.006
8	跨学科团队	.029	15	教育体制改革	-.010
9	组织领导	.029	16	设立专项经费	-.022
10	尊师重教的社会氛围	.017	17	参与决策	-.056
11	法律法规	.008			

分析不同离职倾向群体在以上三个主要影响因素方面的差异，根据图 5 - 3 到图 5 - 5，从职业认同度来看，有离职倾向群体的职业认同度为 53.7%，无离职倾向群体的职业认同度为 84.5%；从发展平台和空间来看，无离职倾向群体中认为有发展平台和空间的占 74.3%，有离职倾向群体中认为有发展平台和空间的只占 42%；从教师社会地位来看，无离职倾向群体中认为教师社会地位高的占 40.4%，有离职倾向群体中认为教师社会地位高的只占 21.1%。有离职倾向群体在职业认同度、发展平台和空间以及社会地位的认可程度等方面都远远低于无离职倾向群体。

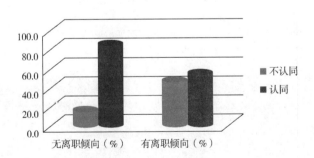

图 5 - 3　不同离职倾向人群的职业认同比例（%）

从总体上看（如表 5 - 4 所示），无离职倾向群体在影响因素方面的诉求比较集中，其关注的重点依次是：发展平台和空间、组织领导、教师社会地位、整体氛围、职业认同感等。而无离职倾向群体在影响因素方面的关注比较分散，对社会层面因素的关注相对较大。

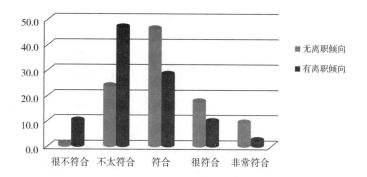

图 5－4　不同离职倾向人群的发展平台和空间比例（％）

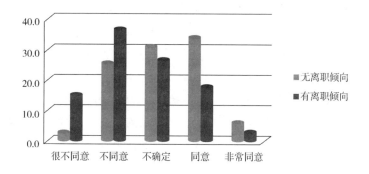

图 5－5　不同离职倾向人群社会地位比例（％）

表 5－4　不同离职倾向人群专业发展影响因素重要性对比

无离职倾向		有离职倾向	
排序	重要性	排序	重要性
发展平台和空间	.609	尊师重教的社会氛围	.135
组织领导	.200	教师社会地位	.127
教师社会地位	.117	精力充沛	.126
整体氛围	.062	整体氛围	.102
职业认同	.039	职业认同	.078
专业知识	.020	法律法规	.071
职业生涯规划	.010	职业生涯规划	.068
法律法规	.009	组织领导	.067
薪酬制度	.007	跨学科团队	.062

续表

无离职倾向		有离职倾向	
排序	重要性	排序	重要性
晋升制度	.006	晋升制度	.057
精力充沛	.002	发展平台和空间	.045
评聘制度	−.003	教育体制改革	.033
设立专项经费	−.004	专业知识	.028
尊师重教的社会氛围	−.009	设立专项经费	.026
参与决策	−.011	薪酬制度	.018
跨学科团队	−.015	评聘制度	−.010
教育体制改革	−.040	参与决策	−.032

大学青年教师离职是一个复杂的决策过程，专业发展满意度和职业满意度都会对青年教师队伍的稳定产生一定的影响。有离职倾向群体在职业认同度、发展平台和空间、社会地位等方面的认可程度都远远低于无离职倾向群体，且有离职倾向群体关注的影响因素诉求比较分散。同时，根据国内外现有研究成果，职业目标的实现、薪酬水平、晋升机会、职业成长对离职倾向影响大。因此，在为大学青年教师营造良好职业发展环境的同时，要建立大学青年教师群体对教师职业的高度认可，为青年教师的专业发展营造良好的学校和社会外部环境。

5.2　大学青年教师专业发展状况的人口和组织特征分析

为进一步了解大学青年教师专业发展的特点，观察青年教师专业发展影响因素的外在表现，从而进一步把握影响因素作用的规律，本节对大学青年教师专业发展状况的人口结构特征和组织特征进行综合分析。

5.2.1　教师专业发展满意度差异的人口特征和组织特征分析

本研究对受访者的 11 个人口和组织特征进行研究：人口特征变量选取了性别、年龄、教龄、职称、收入、婚姻状况等；组织特征变量选取了学科类别、学校是否被列为各种工程学校、是否是双肩挑教师、海外留学或海外工作经历、担任的主要课程归属等。变量赋值情况见表 5-5。

表5-5 接受调查教师的人口和组织特征变量赋值

变量	赋值	极小值/极大值
性别	男=1；女=2	1/2
年龄	30岁以下=1；30-35岁=2；36-40岁=3；40岁以上=4	1/4
教龄	3年以下=1；3-5年=2；6-8年=3；8年及以上=4	1/4
海外留学、工作经历	有=1；无=2	1/2
职称	教授=1；副教授=2；讲师=3；助教=4；未定职级=5	1/5
婚姻状况	已婚=1；未婚=2	1/2
所任职高校类型	985工程高校=1；211工程高校=2；协同创新平台高校=3；未列入各项工程高校=4	1/4
所属学科类别	哲学=1；文学（外语、艺术）=2；历史学=3；法学=4；经济学=5；管理学=6；理学=7；工学=8；农学（林学）=9；医学=10；教育学=11；军事学=12	1/12
所承担主要课程归属	公共基础课程=1；专业基础课程=2；专业课程=3；选修课程=4；兼有=5	1/5
学期月收入情况	3 000及以下=1；3 000~4 999=2；5 000~6 999=3；7 000~8 999=4；9 000及以上=5	1/5
双肩挑与否	是=1；否=2	1/2

人口和组织特征变量是否会造成教师专业发展状况的显著差异，本研究利用单因素方差分析方法进行检验。

5.2.1.1 不同职称教师群体在专业发展状况上的差异

根据职称对青年教师专业发展状况满意度进行单因素方差分析，结果如表5-6所示，假设检验显著性水平 $sig=0.00$，小于0.05，说明不同职称教师群体在专业发展状况上存在显著差异。从不同职称群体专业发展满意度均值看（如图5-6所示），专业发展满意度水平与职称级别呈非线性关系。大学青年教师职称从未定级到教授的上升过程中，其满意度水平呈先下降后上升走势。具体来看，未定级教师满意度水平较高，说明此时青年教师在良好职业发展愿景激励作用下，有较高的专业发展满意度；但随着时间的推移，到助教、讲师阶段，面临专业发展相关的实际问题增多，其满意度开始下降；之后，随着职称进一步提升，教师个人专业发展心理契约得以实现，其满意度水平也随之逐步提升。因而从总体分布看，助教讲师教师群体面临的职业发展困境较多，属于满意度较低教师群体。

表 5 - 6　不同职称类别在专业发展满意度上的差异

分析内容	类别	平均分	标准差	标准误	F 值	差异检验
职称	教授	3.888 9	.82	.14		
	副教授	3.484 7	.95	.07		
	讲师	3.181 1	1.00	.05	8.977	sig = 0.00
	助教	3.222 2	1.08	.14		
	未定级	3.693 3	1.00	.12		

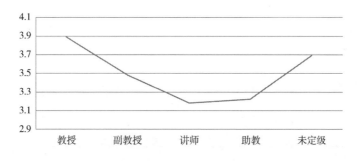

图 5 - 6　不同职称群体专业发展状况平均满意度

5.2.1.2　不同收入教师群体在专业发展状况上的差异

单因素方差分析结果显示（见表 5 - 7），假设检验显著性水平 sig = 0.034，小于 0.05，说明不同收入类别教师群体在专业发展状况上存在显著差异。大学青年教师处于职业生涯初期，对收入等物质报酬的需求较为强烈；当大学青年教师成长到职业成熟期，其对物质报酬的需求将转化为对声誉等非物质性报酬的需求。

观察收入与专业发展满意度的关系（如图 5 - 7），结果表明：与职称因素影响类似，满意度水平与收入级别也呈非线性关系。随收入的不断增长，其满意度水平呈先下降后上升走势。具体来看，低收入教师满意度水平较高，其原因是这部分教师属于刚入职群体，具有较高的职业发展憧憬；当青年教师依次步入不同发展阶段，伴随收入的不断提高，其专业发展满意度呈先下降后上升阶段，其中收入处在 5 000 ~ 6 999 元群体的满意度最低，这一群体教师职称集中于讲师级别。由此可见，收入并非导致满意度差异的直接原因，不同收入背后所折射的不同发展阶段是影响满意度差异的内在因素。

表5-7　不同收入类别在专业发展满意度上的差异

分析内容	类别	平均分	标准差	标准误	F 值	差异检验
收入	3 000 以下	3.59	1.13	.13	4.881	sig = 0.034
	3 000 ~ 4 999	3.28	.96	.07		
	5 000 ~ 6 999	3.22	1.02	.07		
	7 000 ~ 8 999	3.33	.98	.07		
	9 000 以上	3.70	.91	.10		

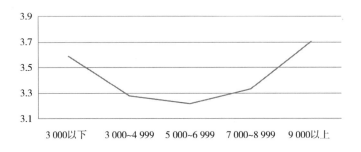

图5-7　不同收入群体专业发展状况平均满意度

5.2.1.3　不同年龄教师群体在专业发展状况上的差异

根据年龄分组对青年教师专业发展状况满意度进行单因素方差分析，结果如表5-8所示。假设检验显著性水平 sig = 0.044，小于 0.05，说明不同年龄组教师群体在专业发展状况上存在显著差异。

如图5-8所示，各年龄组满意度均值走势与职称、收入分组均值相类似，都呈先下降后上升趋势，其中36~40年龄段教师属满意度最低人群。

表5-8　不同年龄类别在专业发展满意度上的差异

分析内容	类别	平均分	标准差	标准误	F 值	差异检验
年龄	30 岁以下	3.560	.968	.102	2.709	sig = 0.044
	30 ~ 35 岁	3.298	1.061	.063		
	36 ~ 40 岁	3.268	.999	.064		
	40 岁以上	3.465	.884	.078		

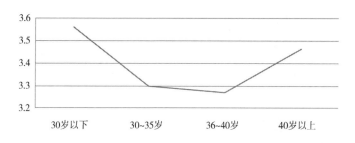

图 5 - 8　不同年龄群体专业发展状况平均满意度

5.2.1.4　不同性别教师群体在专业发展状况上的差异

根据性别分组对青年教师专业发展状况满意度进行单因素方差分析，结果显示，不同性别教师群体在专业发展状况上不存在显著差异。尽管本次调查样本中女性教师群体平均满意度略高于男性教师群体（如图 5 - 9 所示），但假设检验显著性水平 sig = 0.856，小于 0.05，说明差异并不显著。

表 5 - 9　不同性别类别在专业发展满意度上的差异

分析内容	类别	平均分	标准差	标准误	F 值	差异检验
性别	男	3.34	1.02	.06	.03	sig = 0.856
	女	3.35	.99	.05		

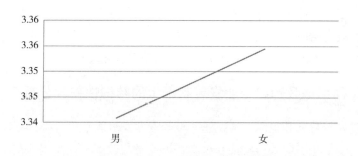

图 5 - 9　不同性别群体专业发展状况平均满意度

5.2.1.5　其他人口特征和组织特征在专业发展状况上的差异

根据其他人口特征和组织特征变量，利用单因素方差分析方法对专业发展满意度差异进行检验，如表 5 - 10 所示。结果表明：假设检验的显著性水平均大于0.05，也就是说，就被访者总体而言，学科、教龄、学校类别、婚姻状况、是否双肩挑、课程归属、海外经历等人口和组织特征变量不同的类别之间，专业发展满意度差异并不显著。

表 5 - 10　其他各人口和组织特征变量分组在专业发展满意度上的差异

分析内容		平方和	df	均方	F 值	显著性
学科	组间	15. 72	11	1. 429	1. 425	. 156
	组内	740. 877	739	1. 003		
教龄	组间	5. 612	3	1. 871	1. 861	. 135
	组内	750. 984	747	1. 005		
学校类别	组间	5. 602	3	1. 867	1. 858	. 135
	组内	750. 994	747	1. 005		
婚姻状况	组间	4. 642	2	2. 321	2. 309	. 1
	组内	751. 954	748	1. 005		
是否双肩挑	组间	2. 875	1	2. 875	2. 857	. 091
	组内	753. 722	749	1. 006		
课程归属	组间	1. 67	4	. 417	. 412	. 8
	组内	754. 927	746	1. 012		
海外经历	组间	. 699	1	. 699	. 692	. 406
	组内	755. 898	749	1. 009		

由上述专业发展满意度均值比较和方差分析可以得出以下初步结论：大学青年教师专业发展满意度差异集中反映在不同职称、年龄、收入群体之间，说明职业发展满意度主要体现于青年教师不同发展阶段的内在矛盾中。具体来看，刚刚度过职业发展初始阶段的人群（职称为讲师、助教级别，年龄处于 36 ~ 40 岁，收入在 5 000 ~ 7 000 元），往往处于专业发展满意度低谷。

5.2.2　不同群体教师在专业发展状况上的结构性差异分析

以上对人口特征和组织特征变量对教师专业发展满意度分类的显著性进行甄别，为进一步细化了解人口特征和组织特征变量与教师专业发展状况的关系，下面根据人口特征和组织特征变量进行教师专业发展满意度的结构性分析。

5.2.2.1　基于决策树的教师专业发展满意度结构分析

决策树是以机器学习的手段将样本拆分成树形结构的分类方法，其优势在于能够直观地反映分类指标的重要性以及样本的分类结构，决策树典型算法包括 ID3 算法、C4. 5 算法、CART 算法、CHAID 算法等。其中，CHAID 算法（卡方自动交互检测方法）是一种基于目标变量自我分层的方法，它提供了一种在多个分类变量中自动搜索能够产生最大差异的变量方案，适用于被分析变量是分类变量的情形。基于以上特点，本研究利用穷举 CHAID 分类方法①，对青年教师专业发展满意度的人口结构和组织特征进行分析，将职称、学科类别、学历、月收入、年龄等 11 个变量作为分类指标，分类结果如图 5 - 10 所示。

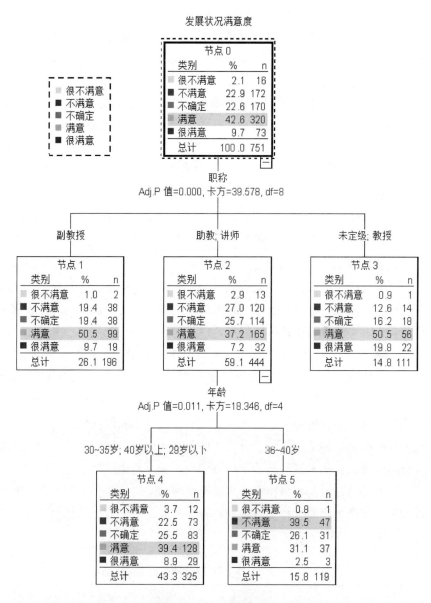

图 5 - 10　教师样本专业发展满意度决策树分类结果

---

① 模型设定最大树深度为 3，最小父节点个案数为 100，最小子节点个案数为 40。

如图 5 - 10 所示，纳入分类变量的 11 个指标中，最终分类模型仅筛选至两个分类变量。其中一级分类变量为职称、二级分类变量为年龄。可见职称差别是体现青年教师专业发展满意度差异的最主要方面，其次为年龄差别。其余指标分类效果均不显著。这一结果与前文中的分析相一致。

从分类结构看，一级分类变量（职称）被划分为三个节点，分别是：①教授和未定级人群；②副教授人群；③助教、讲师人群。这三个节点人群专业发展满意以上的比例分别为：70.3%、60.2% 和 44.4%，说明这三个节点人群专业发展满意程度差异较大，满意度水平依次降低。二级分类指标（年龄）位于第二节点（讲师助教人群）下方，说明这一节点人群的满意度水平与年龄更为相关。结果显示，年龄指标被划分为两个节点：①36～40 岁人群；②其他年龄人群，说明在讲师助教人群中，36～40 岁群体的满意度水平与其他年龄段群体有明显差异，满意以上的比例仅为 33.6%，低于其他人群 14.7 个百分点。

以上结果同样反映了青年教师专业发展满意度随职业成长轨迹的变化趋势。分析中可以看出，讲师助教群体的专业发展状况值得进一步关注，特别是年龄在 36～40 岁的讲师助教群体应是重点关注群体。这一年龄段的青年教师对职业发展的预期更加明确，在工作中承担的教学、科研任务都较重，同时在生活上承担的负担也较重，而这一群体的心理契约满足程度较低。这一群体的专业发展得不到满足，会影响大学青年教师队伍的稳定性。

5.2.2.2 基于聚类分析的教师专业发展满意度差异分析

由以上分析可见，大学青年教师群体在专业发展满意度与离职倾向以及职称、年龄、收入等人口特征上存在内在联系。据此，我们采用聚类分析的方法，依据上述指标将青年教师群体这一多维结构划分为若干相似群体加以综合分析。

聚类分析的思想是将个体集合分类，使得同类个体之间的同质性最大化而类间个体异质性最大化。聚类分析的常用方法包括 K - 均值聚类、分层聚类、两步聚类等。根据调查样本的数据特点，本研究采用 K - 均值聚类方法对青年教师群体进行分类。为使类别间有较为显著的差异，我们将青年教师群体划分为三个类别，聚类结果如表 5 - 11 所示。

表 5 - 11 最终聚类中心

	聚类		
	1	2	3
专业发展状况满意度	2.26	3.98	3.78

	聚类		
	1	2	3
离职倾向	1.25	1.70	1.65
职称	2.84	2.33	3.90
年龄	2.61	2.88	2.00
收入	3.04	3.91	1.86

每列数值代表各类人群的聚类中心，也就是该类人群各指标的均值水平。各类人群围绕聚类中心分布，聚类中心代表了该类人群的总体特征属性。例如，1 类人群集中于"专业发展状况满意度较低、离职倾向较高、职称中等偏上、年龄平均在 36 岁，收入中等水平左右"这一水平周围。

各类人群具体特征描述如表 5 – 12 所示。

表 5 – 12　各类群体特征

	1 类群体	2 类群体	3 类群体
专业发展状况满意度	较低	较高	较高
离职倾向	较高	较低	较低
职称	中等	较高	较低
年龄	中等	偏大	偏小
收入	中等	较高	较低

以上三类群体分别占样本总体的 33.4%、39.4% 和 27.2%，表明各群体都具备一定代表性，大体反映出青年教师不同发展阶段的结构特征。为便于表述，我们根据各类群体基本特征加以归纳命名：1 类群体属于中等资历群体，职称收入都处于中等水平，专业发展满意度相对较低，离职倾向较高；2 类群体属于资历较高群体，职称较高，收入较高，专业发展状况满意度较高，离职倾向较低；3 类群体属于资历较低群体，入职时间较短，职称较低，收入较低，专业发展状况满意度较高。

如前所述，青年教师群体的专业发展满意度与职业发展满意度总体存在一定程度的差异。从青年教师群体分类构成看（见图 5 – 11），中等资历青年教师群体的专业发展满意度和职业满意度均最低，且专业发展满意度与职业满意度的差异最大。这表明中等资历青年教师群体发展的心理契约满足程度最不理想。这一群体是影响青年教师队伍稳定的突出群体，中等资历青年教师应成为发展政策、管理导向的重点关注对象。

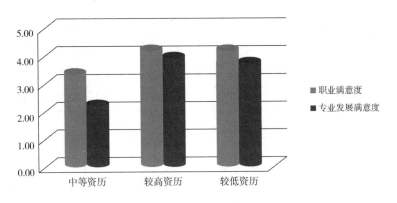

图 5 – 11　不同资历青年教师专业发展满意度的差异

5.3　大学青年教师专业发展影响因素的群体间差异分析

5.3.1　各类教师群体的专业发展影响因素重要性分析

本书中上一章确立了大学青年教师专业发展影响因素的指标体系，进而对各维度影响因素以及各个具体指标的作用程度进行了对比，对大学青年教师人群总体的专业发展影响因素作用规律进行了总结。由前文观察到，青年教师专业发展满意度呈现明显结构性特征，那么影响因素在各类教师群体中的作用是否相同是需要进一步了解的问题。为充分了解影响因素在各类教师群体中的作用特点，从而加强青年教师专业发展政策分析的针对性，以下对影响因素的群体间差异进行讨论。

借鉴分位数回归思想，利用最优尺度回归方法，以各影响因素指标为自变量，分别对三类教师群体进行指标重要性分析，对比结果如表 5 – 13 所示。

表 5 – 13　各类教师专业发展影响因素重要性对比

较低资历群体		中等资历群体		较高资历群体	
排序	重要性	排序	重要性	排序	重要性
整体氛围	.238	组织领导	.590	跨学科团队	.307

续表

较低资历群体		中等资历群体		较高资历群体	
教师社会地位	.134	教师社会地位	.206	整体氛围	.253
参与决策	.120	整体氛围	.087	发展平台和空间	.221
教育体制改革	.098	薪酬制度	.062	组织领导	.100
薪酬制度	.092	专业知识	.044	专业知识	.089
专业知识	.086	职业认同	.037	尊师重教的社会氛围	.015
职业认同	.085	职业生涯规划	.019	职业认同	.010
跨学科团队	.082	法律法规	.017	精力充沛	.007
尊师重教的社会氛围	.073	精力充沛	.014	教育体制改革	.005
法律法规	.046	设立专项经费	.010	晋升制度	.005
评聘制度	.033	发展平台和空间	.007	评聘制度	.004
发展平台和空间	.027	晋升制度	.006	法律法规	.004
精力充沛	.017	教育体制改革	.001	教师社会地位	.003
职业生涯规划	.010	跨学科团队	−.004	薪酬制度	.000
晋升制度	−.002	评聘制度	−.009	设立专项经费	−.001
设立专项经费	−.011	参与决策	−.025	职业生涯规划	−.002
组织领导	−.129	尊师重教的社会氛围	−.061	参与决策	−.021

　　以上计算结果表明，各类教师群体的影响因素重要性排序存在明显差异。具体来看：资历较低群体（3 类教师群体）专业发展影响因素主要集中在学校整体氛围、教师社会地位、参与决策、教育体制改革、薪酬制度、专业知识和职业认同等方面，以上前七项指标重要性权重共占影响因素总体的85.4%。从指标权重来看，这类人群的关注重点较为分散，说明这类教师群体诉求面较广，这一现象与该人群专业发展处于职业初始发展阶段有关。中等资历群体（1 类教师群体）影响因素主要集中在组织领导、教师社会地位、整体氛围、薪酬制度、专业知识等方面，以上前五项指标重要性权重共占影响因素总体的98.8%。较之资历较低群体，组织领导重要性权重陡然提升至59%。可见，中等资历教师群体所关注对象明显集中，专业发展更有赖于学校层面组织领导的作用。较高资历群体（2 类教师群体）影响因素主要集中在跨学科团队、整体氛围、发展平台和空间、组织领导和专业知识等方面，以上五项指标重要性权重共占影响因素总体的97.1%。可见，资历较高教师群体的诉求与中等资历群体的诉求比较接近，其中薪酬制度的影响陡然下降，跨学科团队的作用升至显著位置。

5.3.2　各类教师群体的专业发展影响因素结构性差异分析

将表 5 – 13 中各影响因素具体指标的重要性权重按照因素所在结构加以汇总，得到各层面影响因素的综合权重，如表 5 – 14 所示。对比各类教师群体的影响因素权重差异可以发现，随着青年教师资历的提高，社会环境和个体层面因素的影响作用逐渐减弱，而工作场所层面因素的影响作用逐渐增强。同时发现，较低资历群体的影响因素权重分布较为分散，三个层面影响作用均占较大比重；但随着青年教师资历的提升，影响因素权重逐渐向工作场所层面集中，也就是说工作场所因素的影响作用随着青年教师人群资历的提高呈递增趋势。

表 5 – 14　各层面影响因素在不同教师群体中的作用权重

	较低资历群体	中等资历群体	较高资历群体
社会环境层面因素	35.14%	16.38%	2.65%
工作场所层面因素	45.13%	72.23%	86.94%
个体层面因素	19.75%	11.38%	10.40%

5.4　对研究发现的进一步讨论

综合以上研究成果，对研究发现进行进一步的分析和讨论。

5.4.1　大学青年教师发展状况的总体特征分析

5.4.1.1　大学青年教师专业发展满意度较高

青年教师群体是大学中开展教学、科研工作的中坚力量。本调查中 43.54% 的大学青年教师承担了国家和省部级科研项目，且大学青年教师投入了更多的工作时间在教学方面。青年教师这一群体学历层次高，综合素质好，队伍年龄结构、职称结构得到了不断的优化，专业发展满意度和职业满意度较高。对比专业发展满意度和职业满意度水平，专业发展度满意比例比职业发展满意度比例低 26.45 个百分点。在专业发展满意度和职业发展满意度方面存在着一定的联系，如图 5 – 12 所示。大学青年教师要清楚地认识自身发展所处的阶段以及阶段所具有的特点和不足，从而扬长避短，实现学术水平的提升，这就是青年教师专业发展的规律性所在。青年教师专业发展满意度强调教学、科研等学术能力的提升；职业满意度强调通过职业生涯规划的落实，青年教师向成熟型专家转型的成长过程，体现青年教师职业发展的心理满足程度。

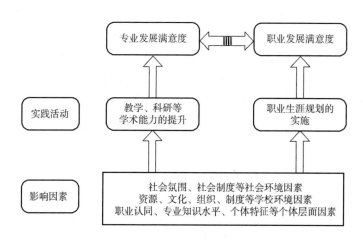

图 5 - 12　青年教师专业发展与职业发展满意度互动模式

　　专业发展满意度会影响青年教师队伍的稳定、青年教师工作的积极性以及青年教师的离职倾向。青年教师群体的专业发展满意度低于职业满意度，说明青年教师在专业发展方面面临的困惑更多，大学青年教师专业发展的内外部条件有待成熟，对专业发展的认识有待提高，促进专业发展的改革有待深入。在青年教师专业发展的促进方面，根据本调查，大学青年教师急需提升能力的排序按从高到低依次是：科研能力、创新能力、教学能力、人际关系能力、课程设计和组织能力、社会服务能力、信息处理能力。可见，大学青年教师更加关注科研和教学能力的提升，同时注重创新、注重建立良好的人际关系。大学青年教师对于提升专业水平途径的排序按照从高到低依次是：63.78% 的人认为是从事学术活动；61.78% 的人认为是从事科研；56.32% 的人认为是个人自修；50.73 的人认为是教学相长；37.02% 的人认为是学历教育；27.96% 认为是访问学者；23.17% 认为是出国考察进修。可见，应重视教学、科研等学术活动的开展对大学青年教师能力提升的重要意义，为大学青年教师专业成长创造提升学历、出国访问、进修等机会。

5.4.1.2　大学青年教师离职倾向高

　　青年教师具有较高的离职倾向，不等于有较高的离职行为。离职倾向属于内隐的个体主观意识，而离职行为属于外显的实践行为。青年教师离职行为可能是在高校间的选择，也可能是在教师岗位和其他工作岗位间进行选择。青年教师流动是学术劳动力市场进行资源配置的途径，青年教师的流动与高校内部的激励制度、学校的声望，青年教师职业与其他职业的社会地位、收入、工作环境等方面的差异有关。然而青年教师尤其是职称高、资历深的青年教师的离职，会对所在高校师资队伍的稳定性产生消极影响。中等资历教师特别是年龄在 36~40 岁的讲师助教群体是重点关注群体。这一年龄段的青年教师对职业发展的预期更加明确，在生活上承担的负担较重，同时又承担较为繁重的教学科研任务，而这一群体的专业发展满意度在所有青年教师群体中是最低的。离职倾向与职业发展和专业发展的相关系数分别为 0.395 和 0.415，具有较强的相关性。当这一群体的发展需求得不到有效满足时，会产生较高的离职倾向甚至是离职行为。职业认同能够增加青年教师对学校组织的依赖，是降低离职率的重要因素。以往在学校组织和教师的关系中，组织处于明显的有利地位，随着学术劳动力市场的逐渐发展，作为高端人才的教师的流动更加容易，教师拥有了更多选择的机会。国内外关于员工离职倾向的多项研究结果也表明：组织支持感是影响员工离职倾向的因素之一。学校提供发展平台和空间、创造有感召力的校园文化、加强对青年教师的支持力度、采取有效措施挽留优秀人才、增强教师的归属感、提高教师的薪酬待遇，这些措施能够有效地解决青年教师的离职问题。

5.4.1.3 职称评审对大学青年教师专业发展具有"马太效应"

职称对大学青年教师而言可谓是"如影随形"。职称的提升能够反映其工作经验和工作能力，同时能够增加其在职业发展中获取资源的机会。职称越高的教师，工作能力和工作经验会更加丰富，同时获得科研资助奖励、课题申请、培训交流、担任评审专家等的机会也越多。具有副教授及以上职称的大学青年教师才能进入到高级知识分子的行列，在获得社会名誉的同时，更加有利于其职业流动。大学在内部管理体制改革的推进中，对教师的职称评审制度也进行了一系列的改革。大学尤其是研究型大学，普遍对新任教师设置了 5~7 年"非升即走"的聘任制度。在"非升即走"制度下，青年教师晋升副教授，继续获得教职，否则将被学校解除聘任关系。在此聘任制度下，青年教师的科研压力陡增，影响了其对教学工作的投入。晋升和终身聘任也是美国高校传统学术激励的两个重要环节，获得晋升的教师一般也获得了终身教职。两者的区别在于，晋升是对教师学术能力和学术水平的肯定，终身教职则是基于教师对学校可能做出贡献的预期而提供给教师的职业安全方面的重要保障。教师的工作业绩，尤其是教学工作业绩，在职称晋升和聘任中具有不一致性的问题。教师用于教学的工作时间约占70%，而教学工作业绩在晋升和聘任中的整体评价只约占 20% 的比例。设立

"非升即走"的聘用制度，可以设立 5～10 年的长期职位来推行定期聘任；在教师评价体系中加强多元评价，引入、扩大学生、同行、专家的评议权；改进教学工作评价方式和在职称评审中的比例，正确评价教学工作的成效；要结合学术发展的任务和不同岗位的需求，分类设置教学科研岗位、专任教学岗位以及专任科研岗位，为大学教师的发展提供多元化路径。否则大学应该采用延长试用期等方式取代"非升即走"的聘任方式，切实维护青年教师的利益。

5.4.2　大学青年教师专业发展影响因素的群体性特征分析

5.4.2.1　处于职业生涯初期的青年教师对薪酬的需求更为强烈

青年教师需要社会尊重等精神方面的满足，同时也需要物质方面的满足。相对于较高资历的大学青年教师，处于职业生涯初期的大学青年教师对收入等物质报酬的需求尤为强烈。本调查中，青年教师的收入主要集中在 5 000～6 999 元（占 30.76%）和 7 000～8 999 元（占 26.23%），认为学校的薪酬水平在同类高校中处于平均水平的占 43.94%，处于偏低水平的占 51.8%，处于偏高水平的只占到 4.26%。据沈红于 2014 年面向 3 612 名大学教师进行问卷调查的结果反映，大学教师的年人均收入为 10.8 万元，大学教师实际年收入曲线的五个峰值分别出现在 6、7、8、10、12 万元以上，期望年收入曲线的峰值出现在 10、12、15、20、30 万元以上[①]。可见，大学教师的实际收入水平远低于预期收入水平，大学青年教师的收入水平低于大学教师整体的收入水平。大学青年教师的入职门槛普遍要求有博士学位，有知识专长。考虑到大学青年教师职业具备的专业知识能力以及为社会所做出的贡献，应进一步提高大学青年教师包括收入和住房等物质条件在内的待遇水平，使青年教师能够全身心投入到工作中，更有利于促进青年教师的专业发展。

5.4.2.2　大学的组织领导对中等资历青年教师的专业发展影响最为重要

中等资历教师处于职业生涯的成长期，其专业发展受学校组织制度和领导方式的影响更加显著。大学作为一种组织机构，既具有组织的一般特征，也有其特殊特征，还存在着某种程度的组织缺陷，具体表现为组织机构庞大而管理效率低下、过度行政化导致的官本位、决策体系混杂导致的非民主和简单化倾向，以及系科专业组织的琐碎化等缺陷[②]。对于大学青年教师而言，学校的组织领导风格

---

① 沈红. 中国大学教师发展状况——基于"2014 中国大学教师调查"的分析［J］. 高等教育研究，2016（2）：37－46.

② 钱军平. 基于组织发展理论的大学内部管理改革［J］. 大学：学术版，2013（11）.

和制度体系，对其发展具有导向性的作用，好的组织氛围和领导方式会让他们产生组织认同感，也会给予他们正确的发展方向作指引，促进他们的专业发展。所以，高校的组织领导应该适应高校教师主动性发展的特点，意识到高校教师的发展不仅是学校实现教育目标、管理目标的工具，也是高校自身发展的一个重要目标。因此要形成一种有利于教师自主发展的柔性组织领导氛围和管理机制，营造有利于促进教师自主发展的和谐氛围，增进青年教师的组织认同。大学是典型的利益相关者组织，应加强管理重心下移，促使青年教师能够参与学校重要决策尤其是涉及教师职称评审、薪酬待遇等根本性制度的制定，促使青年教师个体的发展目标与组织的发展目标相一致，更有利于学校和青年教师个体的共同发展。

5.4.2.3　跨学科团队的组建对较高资历青年教师专业发展影响最为突出

跨学科研究与学科研究是相对的。学科是大学的"龙头"，学科建设始终是大学的核心与存在的根本。大学是由不同学科及各学科所属的院系"松散联结"组成的学术组织。学科具有多样性、专业性和独立性，不同学科间也具有一定程度的关联性。约翰·海厄姆（John Higham）曾将跨学科制度描述为"住在房间里的人在房门紧闭的情况下，从敞开的窗户里探出身去，与周围邻居愉快地交谈"①。随着社会的发展，基于某一门学科的科学与技术知识日益趋少，而整体学科群的作用越来越凸显。跨学科团队的组建有利于来自不同学科和院系的研究者开展合作研究，破除学科间因体制、观念等长期形成的壁垒，组建跨院系、跨专业的柔性科学研究团队，有利于实现学科交叉、融合发展，更有利青年教师尤其是资历较高的青年教师的知识协同创新。推进跨学科研究应有计划地进行制度设计，并在全校范围内提倡和形成开放、交叉、融合和合作的氛围，为跨学科团队的生存提供宽松的环境。

5.4.2.4　学校的整体氛围对各类青年教师群体专业发展影响均较大

在三类教师群体中，整体氛围对青年教师专业发展的影响均较大。在一定程度上来看，学校的文化环境比学校的制度更能够影响大学青年教师的专业发展。大学要营造唯才是举的文化氛围，突破论资排辈、学术资源垄断等影响青年人才脱颖而出的行政机制。大学青年教师工作的自主性强，通过整体氛围的营造可让大学青年教师能够在一定的自由空间中进行知识创新与传承，保证大学青年教师在尽可能的范围内对真理的坚持。大学要以大学文化为载体，通过推动环境优

---

① 耿益群. 美国研究型大学跨学科研究中心与大学创新力的发展——基于制度创新视角的分析 [J]. 比较教育研究, 2008（9）：24－28.

化、制度完善和形成共同的发展目标，改善大学青年教师专业发展的环境，促进教师传承和创新知识，提高教师服务社会的职能。大学文化的运行为大学青年教师的专业发展创造了良好的文化氛围和软环境。

5.4.2.5　职业认同是影响各类青年教师群体专业发展的重要因素

大学青年教师是典型的知识型员工，教师是高度专业化的职业，青年教师的职业认同是对自己所从事职业的认识、情感、期望、意志、价值观以及对教师职业技能的感知。青年教师个体的职业认同作为内在动因对其专业发展的促进作用很大。对职业的认同也是专业发展的有效动力，可以引导青年教师对专业发展进行自我设计和自我监控。具有强烈职业认同的青年教师实现职业抱负和理想的愿望会更加强烈，会主动和具有相同职业认同的教师开展协作。当学校提供的环境和平台有利于青年教师实现职业理想时，青年教师的职业认同感会更加增强。有研究者从职业认同与组织认同之间的关系，如职业形象、工作自主性和组织环境对职业认同及组织认同的影响进行实证研究，研究结果显示：我国高校教师的职业认同对其组织认同有显著的正向影响，而其职业认同受职业形象和工作自主性的正向影响较大①。青年教师职业认同的提高，增强了其对学校的组织认同，形成青年教师与学校和谐发展、共同发展的局面。职业认同还会有效地阻碍教师离开工作的倾向的出现。

5.4.2.6　专业知识也是影响各类青年教师群体专业发展的重要因素

大学青年教师的劳动具有复杂性，教师在课堂上传授知识，不仅包括应有的学科知识，而且还包括相关知识的学习和积累。在本调查中，青年教师具有硕士和博士研究生学位的比例高达 84.42%，其中博士研究生学位人数的比例高达 42.74%。青年教师相较其他年龄段教师，具备更丰富的学科专业知识。知识是认知的成果，知识的积累和增长会促进青年教师的专业发展，而知识的欠缺会对青年教师专业发展的促进和支撑作用产生限制。在知识技术不断更新的现代化社会，青年教师要紧跟形势，不断掌握专业知识，增强人文、社会知识以及教育知识，从而更好地把新知识传授给学生。青年教师以教学和科研工作为主的职业特点也决定了其在专业知识上必须厚积薄发。

5.4.3　不同发展阶段青年教师的专业发展路径

伴随着青年教师职业发展的不同阶段，青年教师专业发展的影响因素、诉求

---

① 张宁俊，朱伏平，张斌. 高校教师职业认同与组织认同关系及影响因素研究 [J]. 教育发展研究，2013（21）：53-59.

重点的转变具有一定的规律性，即是一个从模糊的精神文化层面和物质利益层面的诉求，到组织管理层面的诉求，再到专业发展基础条件和精神层面的诉求相并重的过程，如图 5 - 13 所示。这一过程，体现了青年教师在不同发展阶段从抽象到具体的诉求关注转变。

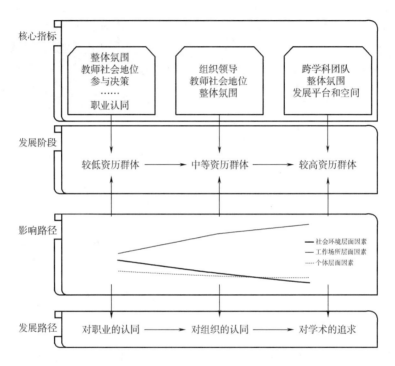

图 5 - 13　专业发展影响因素对不同发展阶段青年教师的作用机制

　　因此，在制定大学青年教师发展政策和管理措施时，有必要充分考虑不同教师群体的特征和重点影响因素：对于资历较低教师人群，应以维护良好的教师职业感受为重心，在各级影响因素层面营造优良的职业环境，促进青年教师的职业自信心和荣誉感，促使青年教师形成对教师职业的认同。中等资历教师群体是青年教师整体中最不稳定人群，专业发展状况满意度较低、离职倾向较高。中等资历青年教师群体的影响因素主要集中在组织领导、教师社会地位、整体氛围、薪酬制度、专业知识等方面，使中等资历教师群体面临诸多发展瓶颈。此类教师群体更加重视组织认同，而这一认同感主要来自评定职称等发展通道的顺畅，因而其发展和稳定更加有赖于科学的组织管理。资历较高教师群体整体上专业发展满意度较高，相对而言，此类教师群体更加关注专业发展本身以及自我专业价值的实现。对于此类群体，应以学术能力的提升为中心，围绕改善具体的专业发展基础条件，创造广阔的专业发展前景。

5.5　本章结论

本章的主要结论有以下几点。

1. 从调查样本反映的情况看，大学青年教师对专业发展现状的满意度集中在满意的层面，选择满意和很满意的受访者共占到调查总体的 52.33%，这表明大学青年教师总体上的专业发展满意度较高。大学青年教师的专业发展满意度比例比职业发展满意度比例低 26.45 个百分点，表明大学青年教师的专业发展满意度与职业满意度存在一定程度差异，大学青年教师专业发展现状与职业发展愿景存在一定落差。

2. 大学青年教师总体上有离职倾向的占到 46.6% 的较高比例，离职倾向与专业发展状况满意度的相关系数为 0.415，专业发展满意度对离职倾向的作用略高于职业发展满意度。大学青年教师离职倾向主要受职业认同、发展平台和空间以及教师社会地位的影响。在促进大学青年教师专业发展过程中，要加强大学青年教师对职业的认同程度，加强大学青年教师队伍的稳定性建设。

3. 根据人口特征和组织特征变量对教师专业发展满意度分类的显著性进行了甄别，结果表明：大学青年教师专业发展满意度在不同职称、年龄、收入群体之间差异显著，而在学科类别、教龄、学校是否被列为各种工程学校、婚姻状况、是否是"双肩挑"教师、担任的主要课程归属、海外留学或海外工作经历、性别等方面不存在显著差异。

4. 为进一步细化了解人口特征和组织特征变量与教师专业发展状况的关系，采用决策树的方法对数据进行进一步挖掘，根据人口特征变量进行教师专业发展满意度的结构性分析。在纳入分类变量的 11 个指标中，最终分类模型仅筛选了两个分类变量，一级分类变量为职称、二级分类变量为年龄。结果表明：职称差别是体现青年教师专业发展满意度差异的最主要方面，其次为年龄差别，其余指标分类效果均不显著，反映出青年教师专业发展满意度随职业成长轨迹的变化趋势。讲师助教群体的专业发展状况值得进一步关注，特别是年龄在 36～40 岁的讲师助教群体应是重点关注群体。

5. 本研究依据青年教师专业发展满意度与职称、年龄、收入等人口特征和组织特征存在内在联系的特点，采用聚类分析的方法，将青年教师群体划分为三类不同的群体加以综合分析。结果表明：1 类群体属于中等资历群体，职称、收入都处于中等水平，专业发展满意度相对较低，离职倾向较高；2 类群体属于资历较高群体，职称较高，收入较高，专业发展状况满意度较高，离职倾向较低；3 类群体属于资历较低群体，入职时间较短，职称较低，收入较低，专业发展状况满意度较高。

6. 对大学青年教师专业发展影响因素在三类教师群体中的作用进行回归分析，结果表明：青年教师专业发展影响因素的作用在不同类别教师群体间存在较大差异，跨学科团队的组建对较高资历青年教师的专业发展影响最大；大学的组织领导对中等资历青年教师的专业发展影响最大；处于职业生涯初期的青年教师对薪酬的需求更为强烈；随着教师资历的提高，工作场所层面影响因素的作用显著提升，而社会环境和个体层面因素的作用有所下降。在制定大学青年教师发展政策和管理措施时有必要充分考虑不同教师群体的特征和影响重点：对于资历较低的教师人群，应以维护良好的教师职业感受为重心，促使青年教师形成对教师职业的认同；中等资历教师群体面临诸多发展瓶颈，离职倾向较高，应加强该群体的组织认同；资历较高群体更加关注专业发展本身以及自我专业价值的实现，对此应搭建好发展平台，不断提升该群体青年教师的学术能力。

至此，本书有关大学青年教师专业发展影响因素的理论和实证研究都已论述完毕，下一章将在研究的发现和有关结论的基础上，对研究结论进行深入分析，并针对目前大学青年教师专业发展的现状提出促进对策与建议，最后提出本研究的局限和展望。

第6章　主要结论和政策建议

本书从"教师专业发展"的概念界定入手，经过大量的文献研究，针对现有研究的薄弱点，确定了将理论研究和实证研究相结合、对影响大学青年教师专业发展的因素进行系统和精准研究的核心内容。本书理论分析了大学青年教师专业发展的影响因素及其结构框架，构建起大学青年教师专业发展影响因素测度的指标体系。以大学青年教师为抽样对象进行了实证调研，验证了大学青年教师专业发展影响因素结构的合理性以及各影响因素的重要性，构建大学青年教师专业发展影响因素模型。同时，也对大学青年教师专业发展的现状进行分析，将大学青年教师群体"三分类"，对各影响因素对不同青年教师群体的作用程度进行了进一步的分析。本章对研究得出的主要结论进行总结和探讨，提出解决大学青年教师专业发展问题的对策，提出了本研究存在的局限和进一步研究的建议。

6.1　研究的主要结论

6.1.1　大学青年教师专业发展影响因素具有多维性和系统性

本书借鉴教师专业发展理论、生物生态系统理论等，来界定大学青年教师专业发展的概念和影响因素的维度构成，并对各维度因素对大学青年教师专业发展的作用进行研究。主要结论包括以下内容。

第一，提出了大学教师专业发展的概念界定。大学教师专业发展指教师在教学、科研和社会服务等学术活动中能力的提升和个人自我价值的实现。促进大学教师专业发展，激发其工作的主动性和能动性，能够提高大学教师的人力资源效用，从而促进学校整体学术文化水平的发展，提升社会整体教育质量。教师专业发展就是教师与环境双向建构的过程。

第二，对大学教师专业发展影响因素维度的构成和作用进行了分析，得出：大学青年教师专业发展影响因素是一个多维度的互相作用的体系，由社会环境、工作场所和个体三个层面的影响因素构成。从各层面因素的作用看，社会环境影响了大学青年教师专业发展的潜能，社会通过适当的行动促使大学青年教师专业发展的潜能成为现实。社会环境的因素可以直接作用于大学青年教师主体本身，也可以通过学校层面的因素来影响大学青年教师的发展。学校是社会大系统中的教育组织之一，创造并维持着一定的教学环境，形成了一定的学术氛围，是影响青年教师专业发展的重要因素。从个体层面看，大学青年教师既是社会人，又具有个体的特征，个体特征作用于其专业发展，并产生不同的影响效果。

第三，提出了大学青年教师专业发展影响因素测度的指标体系。本研究结合理论知识和先验知识、经过专家审议，提出了大学青年教师专业发展影响因素测度的指标体系，共计包含法律法规、教育投入、社会发展、教育体制改革、教师社会地位、尊师重教的社会氛围、现代教育技术、设立专项经费、学校硬件条件、整体氛围、发展平台和空间、组织领导、参与决策、跨学科团队建设、设立教师发展组织、评聘制度、晋升制度、薪酬制度、职业保障制度、培训制度、职业生涯规划、职业认同、教育理念、专业知识水平、人文、社会和自然知识、职业道德、身体健康、精力充沛、工作家庭冲突和工作时间等 30 个因素。根据其概念内涵，指标体系中的各个因素和社会环境、工作场所和个体层面三个维度具有一一对应关系。影响因素测度指标体系的提出，较为全面地反映了可能影响大学青年教师专业发展的指标，但是本书未考虑指标间的相互关系。

6.1.2　大学青年教师专业发展影响因素的实证结果

根据大学青年教师专业发展影响因素测度的指标体系，本书编制了《大学青年教师专业发展状况调查问卷》，面向 29 个省（市）（北京、山西、山东、四川、河南、湖北、甘肃、上海、天津等）的 751 名大学青年教师进行了问卷调查，问卷具有较好的信度和效度。通过问卷的实证调查，基本摸清了大学青年教师专业发展的总体状况，并通过数据分析，得出了不同影响因素对大学青年教师专业发展的作用程度，验证了大学青年教师专业发展影响因素的结构，构建起大学青年教师专业发展影响因素模型。

对大学青年教师专业发展影响因素模型中的指标重要性分析采用了最优尺度回归和信息熵值的方法。经最优尺度回归方法验证，发现对大学青年教师专业发展影响因素的重要性进行排序与利用信息熵方法的计算结果基本一致。综合两种研究方法的结果，筛选出构建大学青年教师专业发展影响因素模型的 18 个因素，分别是学校的整体氛围、教师对职业的认同、教师的社会地位、学校的组织领导方式、学校提供的发展平台和空间、教师在工作中感到精力充沛、学校提供的薪酬水平、学校的晋升制度、教师具有的专业知识水平、教育投入、法律法规、教育体制改革、设立专项经费、评聘制度、跨学科团队、尊师重教的社会氛围、参与决策及职业生涯规划。

通过验证性因子分析对大学青年教师专业发展影响因素模型进行验证，在18 个影响因素测度指标中，教育投入的 p 值为 0.353，估计值不显著，予以删除。经验证，$\chi2/df$ 为 1.88，CFI、NFI、IFI 分别是 0.97、0.91、0.97，RMSEA 为 0.034（低于 0.1）。综合以上指数进行判断，构建的大学青年教师专业发展影响因素模型与实际数据之间有较好的拟合程度。构建的大学青年教师专业发展影响因素模型，共包含 3 个维度，17 个影响因素测度指标，其中：社会环境包含教育体制改革、法律法规、教师社会地位、尊师重教的社会氛围等因素；工作场所层面包含设立专项经费、整体氛围、发展平台和空间、参与决策、组织领导、跨学科团队建设、评聘制度、晋升制度和薪酬制度等因素；个体层面包含职业生涯规划、职业认同、专业知识水平和精力充沛等因素。

验证性因子分析研究的结果同时表明：个体层面影响因素对于大学青年教师专业发展影响作用最大，其次是工作场所层面因素，社会环境因素的影响作用最小。从个体层面看，教师对职业的认同和教师精力充沛是影响青年教师专业发展的最为重要的因素。从学校层面看，整体的文化氛围、学校给青年教师提供的发展平台和空间、学校的组织领导方式、跨学科团队的搭建、青年教师参与决策等，都对青年教师的发展起到了非常重要的作用。从社会环境层面看，教师的社会地位和尊师重教的社会氛围对青年教师的专业发展影响作用大。以上几项指标对青年教师专业发展的影响权重占 68% 的比例。

6.1.3　大学青年教师专业发展状况和影响因素结构性差异的实证结果

从调查样本反映的情况看，大学青年教师对专业发展现状的满意度集中在满意的层面，选择满意和很满意的受访者共占到调查总体的 52.33%，这表明大学青年教师总体的专业发展满意度较高。大学青年教师的专业发展满意度比例比职业发展度满意比例低 26.45 个百分点，表明大学青年教师的专业发展满意度与职业满意度存在一定程度差异，大学青年教师专业发展现状与职业发展愿景存在一定落差。

大学青年教师总体上有离职倾向的占到 46.6% 的较高比例，离职倾向与专业发展状况满意度的相关系数为 0.415，表明大学青年教师队伍总体的离职倾向较高，在促进大学青年教师专业发展过程中，要加强大学青年教师对职业的认同程度，加强大学青年教师队伍的稳定性建设。

将人口特征变量对教师专业发展满意度分类的显著性进行甄别，结果表明：大学青年教师专业发展满意度在不同职称、年龄、收入群体之间差异显著，在学科类别、教龄、学校是否被列为各种工程学校、婚姻状况、是否是双肩挑教师、担任的主要课程归属、海外留学或海外工作经历、性别等方面不存在显著差异。而职称、年龄以及收入是青年教师处于不同发展阶段的显著特点，表明处于不同的职业发展阶段是对大学青年教师专业发展满意度产生差异的重要内在因素。

为进一步了解人口特征变量与青年教师专业发展状况的关系，采用决策树的方法对数据进行进一步挖掘，根据人口特征变量进行教师专业发展满意度的结构性分析。纳入分类变量的 11 个指标中，最终分类模型仅筛选至两个分类变量，其中一级分类变量为职称，二级分类变量为年龄。结果表明：职称差别是体现青年教师专业发展满意度差异的最主要方面，其次为年龄差别，其余指标分类效果均不显著。这反映出青年教师专业发展满意度随职业成长轨迹的变化趋势，讲师助教群体的专业发展状况值得进一步关注，特别是年龄在 36~40 岁的讲师助教群体应是重点关注群体。

本书依据青年教师专业发展满意度与职称、年龄、收入等人口特征存在内在联系的特点，采用聚类分析的方法，将青年教师划分为三类不同群体加以综合分析。结果表明：1 类群体属于中等资历群体，职称、收入都处于中等水平，专业发展满意度相对较低，离职倾向较高；2 类群体属于资历较高群体，职称较高、收入较高，专业发展状况满意度较高，离职倾向较低；3 类群体属于资历较低群体，入职时间较短，职称较低，收入较低，专业发展状况满意度较高。

对大学青年教师专业发展影响因素在三类教师群体中的作用进行回归分析，结果表明：青年教师专业发展影响因素的作用在不同类别的教师群体间存在较大差异，跨学科团队的组建对较高资历青年教师专业发展影响最大；大学的组织领导对中等资历青年教师的专业发展影响最大；处于职业生涯初期的青年教师对薪酬的需求更为强烈；随着教师资历的提高，工作场所层面影响因素的作用显著提升，社会环境和个体层面因素的作用有所下降；中等资历教师群体的专业发展和职业发展满意度差异较为明显，应进一步重视工作场所层面特别是组织管理层面影响因素的重要作用。

结合以上实证结果，本研究发现了青年教师专业发展的规律，即伴随着青年教师职业发展的不同阶段，青年教师专业发展的影响因素、诉求重点具有从模糊的精神文化层面和物质利益层面诉求到组织管理层面诉求，再到专业发展基础条件和精神层面诉求并重的过程。据此提出了针对不同发展阶段青年教师促进其专业发展的路径，即在制定大学青年教师发展政策和管理措施时有必要充分考虑不同教师群体的特征和影响重点。对于资历较低教师人群，应以维护良好的教师职业感受为重心，促使青年教师形成对教师职业的认同；中等资历教师群体面临诸多发展瓶颈，离职倾向较高，应加强该群体的组织认同；资历较高群体更加关注专业发展本身以及自我专业价值实现，应搭建好发展平台，不断提升该群体青年教师的学术能力。

6.2　大学青年教师专业发展政策建议

　　大学青年教师专业发展是一个多背景、多层次、多主体的复杂系统，并具有一定的发展规律。本书通过访谈研究和实证研究均发现：大学青年教师专业发展活动的开展主要受个体和学校环境的影响，此外还受社会环境的影响。促进大学青年教师专业发展，需要综合考虑学校环境和社会环境的影响和青年教师主体的发展阶段需要，促进青年教师专业发展的政策制度需要学校与青年教师双方都能接受，并能够采取措施落实规划的实现。大学青年教师专业发展的影响因素来自学校外部宏观环境、学校内部因素和青年教师个体特征这三个方面，因此可以通过社会，尤其是学校外部环境的营造，为大学青年教师专业发展创建良好的外部环境，从而提高大学青年教师教书育人的积极性、主动性和创造性。同时，大学青年教师本身焕发发展的自主性和内生动力，不断积累专业知识、拓展专业能力，促进大学青年教师的专业发展。

　　本节以大学青年教师专业发展影响因素模型和有关理论分析为指导，在社会环境、学校环境和个体三个层面分别提出有利于促进大学青年教师专业发展的建议。

6.2.1　在社会层面建构支持环境

　　本研究在理论上提出影响大学青年教师专业发展的社会层面因素包括法律法规、教育投入、社会发展、教育体制改革、教师社会地位、尊师重教的社会氛围、现代教育技术等方面。实证结果表明：教师的社会地位和尊师重教的社会氛围对大学青年教师专业发展影响作用较大。因此，社会层面要重组政府对高等教育的治理结构、构建新型政府与大学的关系，营造大学青年教师脱颖而出的社会文化环境。政府不干预大学具体的管理和运行，只出台政策营造大学发展和大学青年教师专业成长的良好外部环境。

6.2.1.1 促进政府和大学协同发展

政府重组教育治理结构，建立起政府与大学的新型合作关系，一方面有利于整个社会经济、文化的发展，同时有利于大学按照自身逻辑推进知识的生产、保存和传授。政府对高等教育的治理体系包括高等教育法律法规的制定、高等教育宏观管理、微观治理、加强高校的内部治理等，要制定一整套紧密相连、相互协调、完备规范、运行有效的制度体系。政府必须要尊重大学、尊重学术，促进大学学术职能的充分发挥。发挥大学的自主性，完善大学内部治理体系建设，要从以下几个方面加以推进：第一，要实现政府和大学的系统、协同发展。将政府与大学看成是一个有机的系统，系统内部的主要要素互相协同，这是构建新型政府与大学关系的重要基础。第二，强调大学自治。大学自治是构建新型政府与大学关系的有效推动力。第三，政府对大学的发展进行宏观调控。强调政府对大学的宏观调控作用，实现政府和大学的动态平衡。大学也要承担起更多的社会责任，更好地服务于国家发展。

6.2.1.2 营造大学青年教师脱颖而出的社会文化环境

社会文化环境如何促进大学青年教师专业发展，是一个非常复杂和深奥的问题。社会文化环境对大学青年教师的影响主要包括大学和大学青年教师所处的社会结构、社会风俗和习惯、信仰和价值观念、行为规范、生活方式、文化传统等。社会文化环境影响大学青年教师的思维模式、情感模式以及行为模式，具体包括大学青年教师的价值观、理想信仰、工作生活态度、职业道德规范等。营造大学青年教师脱颖而出的社会文化环境，要分析社会文化与大学青年教师工作生活的关系，使大学青年教师感受到社会的尊重和认可，并得到社会系统的支持，感受到教师职业的社会地位，感受到其开展的教育、科研活动的社会认可和价值，感受到社会为其工作的开展创造较好的条件，并给予体面的工作报酬。

6.2.2 在学校层面优化发展环境和制度体系

本研究在理论上提出影响大学青年教师专业发展的学校环境因素包括设立专项经费、学校硬件条件、整体氛围、发展平台和空间、组织领导、参与决策、跨学科团队建设、设立教师发展组织、评聘制度、晋升制度、薪酬制度、职业保障制度、培训制度等诸多因素。实证结果表明：在学校层面，整体氛围、组织领导、发展平台和空间、晋升制度等因素对大学青年教师专业发展的作用较大，职称在大学青年教师专业发展的诸多因素中作用显著。因此，提出大学要构建大学青年教师发展的制度体系，建立起既有竞争择优、氛围又宽松和谐的专业发展环境，使大学成为优秀青年教师成长的沃土，促使大学中最宝贵的青年教师资源施展抱负和快速成长。

6.2.2.1　营造良好的学校文化环境

学校的整体氛围是影响大学青年教师专业发展的重要因素。良好的学校文化和发展环境有利于大学青年教师的健康成长和发展。良好的学校文化包括精神文化、制度文化、物质文化和行为文化。营造有利于青年教师专业发展的文化环境，要形成一种尊重青年教师、鼓励青年教师成长成才的发展氛围，营造学校发展与青年教师成长成才紧密联系的文化理念，使学校的发展成为青年教师成长成才最有力的支撑。良好的学校环境首先体现在自由的学术研究环境方面。大学对青年人才的吸引力主要体现在学术环境宽松和谐、学科专业丰富和研究内容广泛等方面。大学要倡导多学科交叉融合、推进教授治学、推进青年教师参与学术决策、鼓励学术争鸣、完善考评机制、加强青年教师师德建设，营造有利于青年教师发展的良好的学校环境。在学校环境的营造方面，优雅的人文环境和生活环境同样重要，这是大学青年教师的健康成长和发展的基础环境，是激发青年教师创新活力、凝聚人心的重要因素。高校要积极培育和谐向上的人文环境，加强对教师的人文关怀，营造环境优美、生活温馨的整体氛围。

6.2.2.2　优化青年教师发展的制度环境

加强大学青年教师引进和培养工作的结合，这是青年教师队伍建设的两个重要支撑点。在人才引进方面，各大学纷纷设置了专门的人才引进计划，提供较为优越的工作和生活条件，对具有较好的发展潜力、学科发展能够开拓创新的优秀青年人才吸引引进。同时，高校也应对现有的青年人才队伍的培养和提高给予充分重视。大学要将新教师入职培训与有针对性地开展在职培训作为一个系统来开展，将理论知识培训和教学实践培训相结合，建立起多元化的培训体系。

要在职称评定等方面设置政策上的支持，考核评级工作要以实际能力为衡量标准，突出专业性、实践性、创新性，要注重教学科研能力，要看实际的工作业绩，看在人才培养工作中的实际贡献程度。在青年教师的职称评审中，除保障青年教师公平公正地参与学校组织的正常的职务晋升外，学校还应该为教学科研成绩特别优秀的青年教师在职务晋升方面设立"优青遴选"等专门的职务晋升通道，以此激发青年教师的潜能，鼓励青年教师取得突出成果，破格申请晋升高级专业技术职务。在职称评审制度的改革中，要借鉴国外高校的经验，最终破除"名额制"的限制，为青年教师的成长发展破除制度障碍。

对于大多数青年教师来说，薪酬仍是影响其专业发展的一个重要因素。建立一个合理的、有激励作用的薪酬制度将对教师的发展起到推动作用。构建公平合理的薪酬体系，要实现收入分配机制的校内平衡，同时与国内和国际人才市场的外部分配制度相衔接，增强大学青年教师对薪酬公平性的感知，形成大学青年教师普遍认同的分配制度。要提高青年教师薪酬的整体水平，优化青年教师的薪酬结构，建立与薪酬配套的绩效考核系统，完善薪酬福利体系。

要建立发展性评价制度，着眼于青年教师未来的发展和学校的发展，对青年教师进行全面发展状况的综合评价。青年教师专业发展评价内容包括思想政治素养评价、教学科研能力评价、人格发展评价等。青年教师发展性评价制度能够改变传统评价方式的终结式评价，更有利于指导青年教师未来的发展，有利于青年教师着眼于未来的长远发展。发展性评价有利于调动青年教师的积极性，激励青年教师奋发向上、追求卓越、实现价值。

要建立青年教师导师制度，充分发挥老教师的"传帮带"作用，选择师德高尚、治学严谨、教学以及科研工作经验丰富的副教授职称以上的教师担任青年教师导师。青年教师积极参加指导导师的教学团队以及科研团队，全面提升青年教师教学、科研和实践能力，促进其专业发展。

为促进青年教师的专业发展，要将学校管理制度设计的重心放在宽松学术环境的营造上。通过引进、培训、评价、薪酬、晋升等制度的完善，引导大学青年教师回归本职，平心静气地开展教学、科研工作。实现学校对于优秀的青年教师能够"引得进、留得住、用得好"，同时实现青年教师本身能够"学得好、教得好、过得好"。

6.2.2.3 增强大学青年教师的组织认同

中等资历教师群体离职倾向较高，其对组织的认同是影响该群体青年教师发展的最为显著的因素。要增强大学青年教师尤其是中等资历青年教师的组织认同，加强青年教师队伍的稳定性。组织认同将提升大学青年教师对于组织的归属感和认可度，有利于他们在一个组织中长期、稳定的发展。提升组织认同可以从宏观、微观两个层面入手。宏观上，首先要营造有利于提升教师认同的组织文化，在建设高校组织文化的过程中，要紧密结合高校教师这一职业的特色，打造自由、开放、适合教师教学和科研的人文环境；要改革高校的管理模式，借鉴外国高等院校在管理中采用的共同治理模式，使教师和管理者共同参与学校的决策过程，构建起教师与管理者的新型合作关系，促使教师与管理者在决策过程中担当各自的职责，让教师有"主人翁"意识，以促进教师对高校的组织认同；要促使大学青年教师与组织形成共同的发展目标和发展愿景，由此产生巨大的凝聚力，推动大学青年教师为实现组织愿景而努力奉献。微观上，加强学校领导和青年教师之间的交流与沟通，有利于帮助青年教师了解学校的制度和决策，让青年教师感到受关注和受重视，从而更主动地理解和支持学校的发展；还可以安排有经验的教师帮扶青年教师，理解、关怀和支持青年教师的发展，增强他们的适应能力，帮助他们更好地规划职业道路，以提升组织认同。

6.2.2.4　组建大学青年教师的跨学科组织

跨学科团队建设是对较高资历的大学青年教师群体影响最为显著的因素，它瞄准学科前沿、培育新兴交叉学科、组建跨学科团队。跨学科教学、科研团队是大学青年教师尤其是较高资历的青年教师专业发展最重要的动力来源，能够为青年教师的专业发展提供强大的支撑力和创新力，为大学青年教师专业发展提供更为广阔的平台。跨学科团队的组建，可以消除行政壁垒、院系障碍，建立起符合现代大学研究需要的管理体制和运行机制，营造学科交叉和融合的制度环境，实现学科的交叉融合。组建跨学科团队，教师可以在全校范围内流动。传统的按学科进行考核和评聘的方式也将改变，建立起以学术能力和实际工作业绩为导向的考评方式，更有利于调动大学青年教师开展学术工作的积极性和主动性。在跨学科团队中，要有具有一定学术水平的学科带头人的引领，同时要有学历和学缘结构合理、职称结构合理、年龄结构平衡的团队，学科间融合发展，成员间协作创新，跨学科组织能够取得重要的有突破性的学术成果，抢占科研制高点。发挥跨学科组织凝聚人、激励人、成就人的功能，为大学青年教师的专业发展提供有力的支持。

6.2.2.5　设立大学青年教师的专业发展组织

大学青年教师的专业发展需要学校设立特定的组织机构来贯彻和落实。教师发展组织机构主要包括教师教学发展中心、教师发展中心、教师发展委员会、教师发展办公室等。教学发展委员会一般可由来自不同学科的优秀教师组成，可以主要承担教师教学发展活动（如学校设立专门的发展中心或办公室等机构），委员会也可负责对中心和办公室的工作提供业务咨询和工作指导。大学青年教师的发展需要学校搭建好"教学、科研和发展"三个平台，其中：教学平台主要通过午餐会、教学工作坊、教学方法研讨和试验、教学课程设计等形式提升教师的教学能力，提供教学资源和教学培训，推进有效的教学理念；科研平台主要通过设立科研项目、开办科研项目申报讲座等形式促进大学青年教师科研水平的提升；发展平台不局限于教学或者科研水平的提升，更能够结合教师的职业生涯特点，关注大学教师的职业生涯发展，促进大学教师的专业发展。教学发展组织也应该致力于学校整体文化的营造，支持和服务于学校的整体发展目标。

6.2.3　在个体层面激发发展动力

本书在理论上提出影响大学青年教师专业发展的个体层面因素，包括职业生涯规划、职业认同、教育理念、专业知识水平、人文、社会和自然知识、职业道德、身体健康、精力充沛、工作家庭冲突和工作时间等方面。实证结果表明：教师的职业认同、专业知识水平、精力充沛等因素对大学青年教师专业发展影响作用较大。因此在个体层面，要不断激发大学青年教师对职业的认可度、激发其自我实现的动力，促进其专业发展的主动性、提高包括专业知识在内的综合素质水平不断提升。

6.2.3.1　激发大学青年教师的自我实现动力

大学青年教师是社会文化层次和知识水平较高的群体，具有知识型人才追求自主性、个性化、多样化和创新精神的特点。大学青年教师具有较强的自我实现的需求、受尊重的需求、对学校的价值认同需求和对自我发展认同意识的需求。为大学青年教师营造一个有利于其自我实现成长的优良环境具有重要的价值和意义。通过优良环境的营造，激发出大学青年教师自我价值的实现需要，对于大学青年教师的专业发展凸显出了最迫切的需要。激发大学青年教师自我实现的需要，要为其设计富有挑战性的工作，并促使其按照自己适合的工作方式来有效地推动工作任务的完成。通过其高质量地完成具有挑战性的工作，使其对知识和事业的成长滋生持续不断的新追求。在大学青年教师自主学习和发展的过程中，为其创设一种与他人互相交流信息、互相合作的平台，给予大学青年教师更多的尊重与信任、更多的认可与肯定、更多的理解与尊重，从而更有利于大学青年教师专业发展的自我实现。

6.2.3.2　激发大学青年教师内生发展动力

大学青年教师的专业发展受到来自外部社会环境的和学校环境的影响，更受到其内生发展动力的影响。要促进大学青年教师实现从“要我发展”向“我要发展”的内生性转变，这就需要大学青年教师充分认识到内生发展动力的重要性，坚守自己的社会责任感，关注社会、学校、学术、学生等不同方面的利益需求，在复杂的社会和学校环境中自觉和不懈地追求专业发展的目标。大学青年教师群体是大学教学、科研队伍中最积极、最活跃、最重要的生力军，有着旺盛的生命力和创造力，是高校可持续发展的基础。激发大学青年教师的成就需要，促使大学青年教师内生形成以教学的成功、学生的进步作为事业方面的乐趣和精神方面的满足，使大学青年教师注重自我更新，不断提高其业务水平，以适应更长远专业发展的需要。

6.2.3.3　提高大学青年教师自身素质水平

在当今信息网络化、文化多元化、科学技术迅猛发展的阶段，大学青年教师只有站在时代前沿，不断掌握前沿的理论知识，主动适应社会的发展，才能更好地引导学生，实现为社会培养高层次创新人才的任务。大学青年教师的素质包括教育理念、职业道德、教师知识、教师能力和教师个性等。大学青年教师要明确努力方向，不断完成自我更新和积累知识，掌握现代化的教育技能，实现自身综合素质水平的持续提升。一般来说，教师知识结构包括特定的本学科的专业知识、教育教学实践知识、教育学和心理学知识和科学文化知识等。大学青年教师不仅要传授知识，还要创造知识。青年教师的知识水平直接影响教学效能，具有较高知识水平的青年教师能够更好地在教育实践活动中掌握主体地位，更有利于青年教师优化教育教学方法，更有效地处理学生学习中遇到的问题，从而有利于青年教师在知识的传授和创造过程中实现自身的专业发展和成长。

6.2.3.4　加强大学青年教师的职业认同感

加强大学青年教师的职业认同，要加强其对教师职业价值的认知、对教师职业角色的把握、建立职业情感、增强履行教师职业的责任。青年教师的职业认同影响青年教师尤其是较低资历群体的专业发展，青年教师主动追求自我专业发展能够促进青年教师职业认同程度的提高。教师的职业认同感主要来自学校领导认同、学生认同以及自身对角色的认知三个方面：学校重视青年教师的利益诉求，了解青年教师的物质和心理需求，并使青年教师感受到学校对其发展的重视以及对其发展的支持；学生积极主动与老师沟通，师生间具有良性互动，促使青年教师教学相长；青年教师充分认识教师职业的价值、认同教师职业的发展前景，都有利于青年教师的职业认同感的提高，从而促进其专业发展。

6.3　研究局限和研究展望

本书在文献分析、理论研究及对研究对象特征分析的基础上，对大学青年教师专业发展影响因素进行了研究，并对各影响因素的结构和作用机理进行了深入研究，在此基础上构建大学青年教师专业发展影响因素模型，并在系统深入分析的基础上提出了促进大学青年教师专业发展的政策建议。但由于大学青年教师这一研究对象的特殊性，作者研究视野、研究水平的局限性，以及影响大学青年教师专业发展影响因素的复杂性，本论文还存在诸多不足，需要在未来开展更深入的研究来进一步加以完善。

6.3.1 研究局限

1. 研究对象范围和数量的局限性。由于受时间、人力、成本等因素限制，研究选取样本的地域代表性不够，而研究样本可能会影响研究结果的效度。在未来的研究中，应该进一步拓宽取样的渠道和区域，扩大样本和研究范围，收集更多的数据深入挖掘，研究其中涉及的变量关系，使研究结论更具普遍性和说服力。

2H 大学青年教师专业发展的影响因素变量研究应更全面。特别是在个体层面，诸如工作价值观、人格特征、心理特征等因素，也会影响大学青年教师的专业发展。但是由于时间、篇幅和研究主题的限制，本书未对这些影响因素变量进行研究。

3. 本书关注政府、学校和个体层面为促进大学青年教师专业发展提供的政策、组织和制度支持，对各层面支持政策的分析有待进一步深入。同时，对于影响因素对大学青年教师自身的成长与发展的促进作用关注程度不够。

6.3.2 研究展望

大学青年教师专业发展研究对于大学整体师资队伍的发展、高等教育的发展乃至整个社会的政治经济发展都具有重要的作用。大学青年教师专业发展的影响因素研究又是大学青年教师专业发展研究的基础，但在现实的研究中却未得到充分的重视。大学青年教师专业发展影响因素的研究可以说是处于刚刚起步阶段，还有很多大学教师尤其是青年教师专业发展需要进一步系统和深入的研究，例如大学青年教师专业发展的评价问题、促进大学青年教师专业发展的更广维度的影响因素研究等。这些问题将作为新的研究起点，在具备条件的时候可加强大学青年教师专业发展的多视角研究，并在进一步研究时扩大研究对象的范围，对不同地区、不同类型的大学加强对比分析。

参考文献

中文文献

［1］费斯勒，等．教师职业生涯周期：教师专业发展指导［M］．北京：中国轻工业出版社，2005．转引自郝敏宁．影响教师专业发展的因素分析［D］．陕西师范大学硕士学位论文，2007．

［2］［美］伯顿·R．克拉克．高等教育系统——学术组织的跨国研究［M］王承绪等，译．杭州：浙江大学出版社，1994．

［3］［美］罗伯特·博伊斯．给大学新教员的建议［M］．许强，李思凡，译．北京：北京大学出版社，2007．

［4］［美］斯蒂芬·M·卡恩．从学生到学者：通往教授之路的指南［M］金津，喻惜，译．上海：上海交通大学出版社，2011．

［5］陈建香，樊泽民，刘仕博．高校"80后"青年教师群体师德特征管窥——以对外经济贸易大学为例［J］．北京教育：高教版，2010（11）：32－34．

［6］陈喜玲．大学青年教师职业道德现状及对策研究［J］．教育与职业，2006（23）：60－61．

［7］陈永明．现代教师论［M］．上海：上海教育出版社，2003．

［8］丁皓．大学青年教师职业生涯发展规划的思考［J］．人力资源管理，2013（7）：167－169．

［9］范国睿．教师共同体是真正的"教师之家"［J］．中国民族教育，2016（4）：14－14．

［10］傅道春．教师的成长与发展［M］．北京：教育科学出版社，2003．

［11］傅树京．构建与教师专业发展阶段相适应的培训模式［J］．教育理论与实践，2003（6）：39－43．

［12］高萍．80后个性特征及管理策略研究［D］．大连海事大学，2009．

［13］高秀苹．生态系统理论的创始人——布朗芬布伦纳［J］．大众心理学，2005（5）：46－47．

［14］葛晨光．新形势下大学青年教师师德存在的问题与对策［J］．黑龙江高教研究，2009（2）：87－89．

［15］谷禹，王玲，秦金亮．布朗芬布伦纳从襁褓走向成熟的人类发展观［J］．心理学探新，2012（2）：104－109．

［16］郭丽君，吴庆华．教育信息化与教师角色的转换［J］．教育评论，2001（2）：37 – 39.

［17］郭丽君，吴庆华．浅析美国高校新教师发展［J］．高等教育研究，2012（7）：69 – 73.

［18］郭凌云．美国 PFF 项目对我国高校教师职前培养的启示［D］．广西师范大学，2010.

［19］黄超．西方职业生涯理论的最新发展［J］．经营管理者，2014（7X）：169 – 169.

［20］黄洪基，邓蕾，陈宁，陆烨．对一代人的透视与研究——关于"80后"的研究文献综述［J］．中国青年研究，2009（7）：4 – 13.

［21］黄辛隐，张秀敏．大学青年教师心理健康及团体心理训练设计研究［J］．心理科学，2004，27（2）：307 – 310.

［22］蒋赟．大学青年教师专业发展的内涵与途径探析［J］．文教资料，2008（12）：164 – 166.

［23］孔令帅，赵芸．美国高校新教师发展的问题与策略［J］．外国教育研究，2016，v. 43；No. 311（5）：28 – 41.

［24］李锋，尹洁．高校教学型教师专业发展影响因素及对策［J］．教育与职业，2014（26）：73 – 74.

［25］李浇．从职业生涯发展阶段理论谈个人职业生涯的建立［J］．人力资源管理，2014（12）：154 – 155.

［26］李瑾瑜．新课程与教师专业发展［M］．北京：首都师范大学出版社，2003.

［27］李俐．英国高校教师发展［D］．西南大学，2013.

［28］李森，崔友兴．论教师专业发展动力的系统构建和机制探析——基于勒温场动力理论的视角［J］．教育理论与实践，2013，33（4）：33 – 36.

［29］李宜江．教师专业发展的内在限度与实践突破［J］．教育发展研究，2010（z2）：117 – 121.

［30］李志峰，高慧．高校教师发展：本体论反思与实践逻辑［J］．大学教育科学，2013（4）：66 – 71.

［31］李志英．高校教师工作满意度研究［D］．华东师范大学，2011.

［32］李壮成．教师专业发展阶段探析［J］．四川文理学院学报，2013（6）：119 – 122.

［33］联合国教科文组织．变化中的教师作用［R］.1984.

［34］梁文鑫，余胜泉，吴一鸣．面向信息化的教师专业发展阶段描述与促进策略研究［J］.教师教育研究，2008（1）：18－21.

［35］林崇德，申继亮，辛涛．教师素质的构成及其培养途径［J］.中国教育学刊，1996（6）：10－14.

［36］林杰．大学教师专业发展的内涵与策略［J］.大学教育科学，2006（1）：56－74.

［37］林杰，李玲．美国大学教师发展的三种理论模型［J］.现代大学教育，2007（1）：62－66.

［38］廉思，工蜂．大学青年教师生存实录［M］.北京：中信出版社，2012.

［39］刘爱华，梅方青．基于心理契约的大学青年教师激励策略研究［J］.理论月刊，2010（1）：186－188.

［40］刘东霞，王芳．基于教师职业幸福感视角的大学青年教师职业生态研究［J］.新余学院学报，2013（5）：123－125.

［41］刘凤英．基于学习型组织理论的高校教师培训与开发体系研究［D］.南京理工大学，2010.

［42］刘洁．试析影响教师专业发展的基本因素［J］.东北师大学报（哲学社会科学版），2004（6）：15－22.

［43］刘捷．教学研究与教师专业自主［J］.当代教育科学，2005（5）：37－40.

［44］刘明霞，李森．国外新教师入职教育及其对我国的启示［J］.教师教育研究，2008，20（3）：77－80.

［45］刘睿，杨春梅．美国高校新任教师发展研究［J］.中国青年政治学院学报，2014（2）：137－140.

［46］卢真金．教师专业发展的阶段、模式、策略再探［J］.课程．教材．教法，2007（12）：68－74.

［47］罗晓杰．国内外教师专业发展阶段研究述评［J］.教育科学，2006（7）：53－56.

［48］吕春座．大学青年教师专业发展问题研究［D］.厦门大学，2008.

［49］马秀敏．大学青年教师职业幸福感的调查研究［D］.辽宁师范大学，2010.

［50］马颖，刘电芝．"反思性教学"研究述评［J］．乐山师范学院学报，2003，18（6）：87－91．

［51］马志玲．教师专业发展激励机制研究［D］．首都师范大学，2006．

［52］毛道生．促进中学教师专业发展的教学反思研究［D］．四川师范大学，2007．

［53］欧本谷．论促进教师专业发展的评价机制［J］．中国教育学刊，2004（7）：50－52．

［54］潘懋元，罗丹．高校教师发展简论［J］．中国大学教学，2007（1）：5－8．

［55］裴跃进．教师专业发展阶段基本内涵的探究［J］．重庆文理学院学报（社会科学版），2008（1）：17－23．

［56］钱扑．新教师成长的环境影响因素剖析——兼谈美国对新教师社会化问题的研究［J］．全球教育展望，2005，34（9）：19－23．

［57］钱军平．基于组织发展理论的大学内部管理改革［J］．大学：学术版，2013（11）．

［58］乔连全，吴薇．大学教师发展与高等教育质量——第四次高等教育质量国际学术研讨会综述［J］．高等教育研究，2006（11）：106－109

［59］乔艳冰．行动研究与教师专业发展的实践反思［D］．济南：山东师范大学，2009．

［60］屈书杰．迈克尔·萨德勒比较教育思想的现实意义［J］．比较教育研究，2009（8）：7－10．

［61］芮燕萍．大学英语教师专业发展状况实证研究［D］．上海外国语大学，2011．

［62］邵宝祥，王金保·中小学教师继续教育基本模式的理论与实践（上）［M］．北京：北京教育出版社，1999．

［63］申继亮，费广洪，李黎．关于中学教师成长阶段的研究［J］．天津师范大学学报（基础教育版），2002，3（3）：1－4．

［64］沈红．中国大学教师发展状况——基于"2014中国大学教师调查"的分析［J］．高等教育研究，2016（2）：37－46．

［65］沈履平．加强大学青年教师思想政治工作的思考［J］．学校党建与思想教育，2007（5）：56－58．

［66］沈绮云．大学青年教师职业压力及对策研究［D］．南昌大学，2007．

［67］宋改敏．教师专业成长的学校生态环境［M］．重庆：重庆大学出版社，2011.

［68］宋广文，魏淑华．论教师专业发展［J］．教育研究，2005（7）：71-74.

［69］谭机永，邓砚，杨莉．教龄对大学青年教师职业倦怠、领悟社会支持、特质应对方式影响的研究［J］．黑龙江高教研究，2011（8）：110-112.

［70］唐玉光．基于教师专业发展的教师教育制度［J］．教师教育研究，2002，14（5）：35-40.

［71］田朝晖，张美珍．加强大学青年教师思想政治教育实效性的途径［J］．人力资源管理，2010（5）：95-96.

［72］童婧．大学青年教师教学能力培养研究［D］．中南大学，2007.

［73］王俭．促进教师专业发展的校本机制研究［J］．教师教育研究，2012，24（2）：43-47.

［74］王建军．实践为本的教师专业发展：专题性"听—说—评课"［J］．上海教育科研，2004（11）：13-17.

［75］王坤．教师专业发展的社会生态环境及其构成［J］．贵州社会科学，2014（6）：129-131.

［76］王琼．教师专业发展研究的历史演进与超越［J］．科教导刊（中旬刊），2014（5）：52-53.

［77］王卫东．教师专业发展：尚待深入研究的若干问题［J］．教育导刊，2007（8）：4-7.

［78］王璇，李志峰，郭才．大学青年教师发展阶段论［J］．高等教育评论，2013（0）：110-122.

［79］吴捷．教师专业成长过程及其影响因素研究［J］．教育探索，2004（10）：117-119.

［80］吴康宁．教育社会学［M］．北京：人民教育出版社，1998.

［81］吴庆华．地方大学青年教师发展研究［D］．华中科技大学，2013.

［82］吴玉剑．中美大学青年教师发展比较研究［D］．南京师范大学，2014.

［83］武正营，汪霞．美国大学新教师社会化的经验和启示［J］．黑龙江高教研究，2015（12）：63-65.

［84］肖丽萍．国内外教师专业发展研究述评［J］．中国教育学刊，2002

(5)：61 - 64.

[85] 熊川武. 反思性教学 [M]. 上海：华东师范大学出版社，1999.

[86] 徐延宇，李政云. 美国高校教师发展：概念、变迁与理论探析 [J].
黑龙江高教研究，2010 (12)：50 - 53.

[87] 杨道宇，米潇. 教师专业发展的动力机制研究 [J]. 教育评论，2013
(6)：45 - 47.

[88] 杨姝，王祖亮. 教师专业发展研究述评 [J]. 教育科学论坛，2014
(5)：74 - 76.

[89] 杨秀梅. 费斯勒与格拉特霍恩的教师发展影响因素论述评 [J]. 外国
教育研究，2002 (5)：35 - 38.

[90] 杨秀玉. 教师发展阶段论综述 [J]. 外国教育研究，1999 (6)：36 -
41.

[91] 杨艳梅. 美国新任教师专业发展的新尝试——康涅狄格州 "TEAM 计
划" 评析 [J]. 当代教育科学，2010 (19)：28 - 30.

[92] 杨元妍. 高校教师参与学校决策的价值内化机制探析 [J]. 江苏高
教，2015 (3)：11 - 11.

[93] 叶澜，益民，王枏. 世纪之交中国基础教育改革研究丛书：教师角色
与教师发展新探 [M]. 北京：教育科学出版社，2001.

[94] 岳娟娟. 高校教师专业发展生态模型的研究 [D]. 第三军医大
学，2013.

[95] 张成林，陈振中，杨翠. 美国新教师入职教育对我国高职教师队伍建
设的启示 [J]. 广州职业教育论坛，2011，10 (4)：61 - 64.

[96] 张洁. 论我国大学青年教师激励管理——以双因素理论为视角 [J].
黑龙江高教研究，2007 (12)：89 - 91.

[97] 张静. 大学青年教师专业发展制约因素研究 [J]. 长江大学学报（社
科版），2014，37 (7)：169 - 171.

[98] 张宁俊，朱伏平，张斌. 高校教师职业认同与组织认同关系及影响因
素研究 [J]. 教育发展研究，2013 (21)：53 - 59.

[99] 张祥永，李孙巧. 当代青年教师需求特征分析 [J]. 当代教育论坛，
2012 (4)：74 - 78.

[100] 张雁玲. 校本教研是大学英语教师专业发展的有效途径 [J]. 外语
界，2007 (4)：65 - 68.

［101］张玉华．校本培训研究与操作［M］．上海：上海教育出版社，2003.

［102］赵昌木．教师成长研究［D］．西北师范大学，2003.

［103］赵虎．基于教育生态学的高校教师素质提升模式探讨［J］．南阳理工学院学报，2009，1（2）：74 – 76.

［104］赵菊珊，马建离．大学青年教师教学能力培养与教学竞赛［J］．中国大学教学，2008（1）：58 – 61.

［105］赵苗苗．教师专业成长影响因素分析［J］．晋中学院学报，2008，25（2）：113 – 115.

［106］郑伦仁，周鸿．高校教师专业发展及其自我实现途径研究［J］．河南理工大学学报（社会版），2009（3）：520 – 523.

［107］郑晓川．美国新教师在线专业发展的 eMSS 项目研究［D］．西南大学，2011.

［108］周涛．大学青年教师思想政治工作的现状及对策研究［D］．重庆工商大学，2012.

［109］朱丽，王声湧，范存欣，肖永杰，欧传峰．大学青年教师亚健康危险因素 Logistic 回归分析［J］．中国公共卫生，2003（5）：595 – 596.

［110］朱宛霞．美国教师专业组织在教师专业发展历程中的策略分析［J］．外国中小学教育，2009（4）：50 – 52.

［111］朱玉东．反思与教师的专业发展［J］．教育科学研究，2003（11）：26 – 28.

英文文献

［1］Abdelhafez A. Experienced EFL teachers' professional practical knowledge, reasoning and classroom decision making in Egypt：views from the inside out［J］. Teacher Development，2014，18（2）：229 – 245.

［2］Abouserie. Stress, coping strategies and job satisfaction in university academic staff, Educational Psychology：an International Journal of Experimental Educational Psychology, 16（1），49 – 56.［J］. E. m. meijers Institute of Legal Studies Faculty of Law Leiden University, 2007, 28（1）：47.

［3］Ahonen E, Pyhältö K, Pietarinen J, et al. Teachers' professional beliefs about their roles and the pupils' roles in the school［J］. Teacher Development, 2014, 18（2）：177 – 197.

［4］Alexander LTE, Yelon SLE. Instructional development agencies in higher education. ［C］. 1972: 131.

［5］Austin A E, Sorcinelli M D, Mcdaniels M. Understanding new faculty background, aspirations, challenges, and growth ［M］. The Scholarship of Teaching and Learning in Higher Education: an Evidence – Based Perspective. Springer Netherlands, 2007.

［6］Barbara Heath, Aruna Lakshmanan, Aaron Perlmutter, et al. Measuring the impact of professional development on science teaching: a review of survey, observation and interview protocols ［J］. International Journal of Research & Method in Education, 2010, 33（33）: 3 – 20.

［7］Bell C A, Mccoach D B. Measuring the effects of professional development on teacher knowledge: the case of developing mathematical ideas ［J］. Journal for Research in Mathematics Education, 2010, 41（5）: 479 – 512.

［8］Bergquist, W. H. & S. R. Phillips, Components of an effective faculty development program ［J］. The Journal of Higher Education, 1975, vol. 46, No. 2, p. 184.

［9］Bergquist W H, Phillips S R. A handbook for faculty development ［J］. Faculty Development, 1975: 299.

［10］Boice R. Reexamination of traditional emphases in faculty development ［J］. Research in Higher Education, 1984, 21（2）: 195 ~ 209.

［11］Bonet Loscertales. Opening the black – box of individual career advancement: the role of organizational factors ［D］. University of Pennsylvania, 2007.

［12］Brody D L, Hadar L L. Personal professional trajectories of novice and experienced teacher educators in a professional development community ［J］. Teacher Development, 2015, 19（2）: 140 – 156.

［13］Cabaroglu N. Professional development through action research: Impact on self – efficacy ［J］. System, 2014, 44（44）: 79 – 88.

［14］Centra J A. Types of faculty development programs ［J］. Journal of Higher Education, 1978, 49（2）: 151.

［15］Chaloupková L. Teachers in the role of internal mentors on the path to professional learning community ［J］. Teacher; Internal Mentor; Professional Learning Community, 2012.

[16] Cheung Y L. The impact of an in – service professional development course on writing teacher attitudes and pedagogy [J] . Journal of Pedagogic Development, 2013.

[17] Crow, Mary Lynn, Ed. Faculty development centers in southern universities. [J] . 1976: 62.

[18] Crow M. L, Milton O, Moomaw W. E. et al. : Faculty development centers in southern universities [M] . Atlanta: Southern Regional Education Board, 1976: 7.

[19] Day, C. Developing teachers: the challenges of lifelong learning [D] . London: The Falmer Press, 1999.

[20] Desimone L M. Improving impact studies of teachers' professional development: toward better conceptualizations and measures [J] . Educational Researcher, 2009, 38 (3): 181 – 199.

[21] Dilorenzo T M, Heppner P P. The role of an academic department in promoting faculty development: recognizing diversity and leading to excellence [J] . Journal of Counseling & Development, 1994, 72 (5): 485 – 491.

[22] Dole S, Clarke D, Wright T, et al. Eliciting growth in teachers' proportional reasoning: Measuring the impact of a professional development program [J] . Oncology, 2008, 20 (1): 35 – 38.

[23] Linda Evans. What is teacher development? [J] . Oxford Review of Education, 2002, 28 (1): 123 – 137.

[24] Fessler R, Christensen J. The teacher career cycle: understanding and guiding the professional development of teachers [J] . Allyn & Bacon, 1992.

[25] Flecknoe M. Measuring the impact of teacher professional development: can it be done? [J] . European Journal of Teacher Education, 2002, 25 (2): 119 – 134.

[26] Fullan, M. & Hargreaves, A. Understanding teacher development [J] . New York: Teachers College Press. 1992: 243.

[27] Gabriel, H. & Maggioli, D. Professional development for language teachers. ERIC Digest [J] . Washington, DC: ERIC Clearinghouse on Languages and Linguistics, 2003.

[28] Gaff J G, Simpson R D. Faculty development in the United States [J] . Innovative Higher Education, 1994, 18 (3): 167 – 176.

［29］Goodlad J I. Educational renewal：better teachers，better schools．［J］．American Journal of Education，1995，40（Volume 103，Number 3）：305．

［30］Guskey T R. Evaluating professional development．［J］．Educational Quality，2000，49：198 - 201．

［31］Gustafson K，Bratton B. Instructional improvement centers in higher education：A status report［J］．Journal of instructional development，1984，7（2）：2 - 7．

［32］Hadar L L，Brody D L. The interaction between group processes and personal professional trajectories in a professional development community for teacher educators．［J］．Journal of Teacher Education，2013，64（2）：145 - 161．

［33］Hargreaves A. Development and desire：a postmodern perspective．［J］．Activism，1994：51．

［34］Jacob A，Mcgovern K. The Mirage：Confronting the hard truth about our quest for teacher development．［J］．Tntp，2015．

［35］James de Winter，Mark Winterbottom，Elaine Wilson. Developing a user guide to integrating new technologies in science teaching and learning：teachers' and pupils' perceptions of their affordances［J］．Technology Pedagogy & Education，2010，19（2）：261 - 267．

［36］Jerry G. Gaff，Toward faculty renewal：advances in faculty，institutional，and organizational development［M］，San Francisco：Jossey Bass，1975，p. 14．

［37］Lenze L F. Developing a teaching center on campus．［J］．Nea Higher Education Research Center Update，1997，3：6．

［38］Lerman S. Theories in practice：mathematics teaching and mathematics teacher education［J］．ZDM，2013，45（4）：623 - 631．

［39］Mcchesney K，Aldridge J. A new tool for measuring the impact of teacher professional Development［C］// Australian Association for Research in Education Conference. 2015．

［40］Menges R. J，Mathis B. C. Key resources on teaching，learning，curriculum，and faculty development：a guide tothe higher education literature［M］．San Francisco：Jossey - Bass，1988：254．

［41］Michael B. Arthur，Svetlana N. Khapova，Celeste P. Wilderom. Career success in a boundaryless career world［J］．Journal of Organizational Behavior，2005（26）：177 - 202．

［42］ Mingucci, M. M. AR as ESL teacher professional development ［D］. University of Misouri - Kansas City, 2002.

［43］ Mudavanhu Y, Majoni C. Trainee teachers' views about the role of mentors in their professional development ［J］. Department of Teacher Education University of Zimbabwe, 2003.

［44］ Ozdemir A A, Yildirim G. The effects of teaching practice course on professional development of student teachers ［J］. Procedia - Social and Behavioral Sciences, 2012, 46: 2550 - 2555.

［45］ Phillips S R. What, then, Is faculty development? ［J］. 1976: 11 - 17.

［46］ Schmitz C. C, Bland C. J. Characteristics of the successful research and implications for faculty development ［J］. Journal of Medical Education, 1986, 61 (2): 22 - 31.

［47］ Seidel T, Stürmer K. Modeling and measuring the structure of professional vision in preservice teachers. ［J］. American Educational Research Journal, 2014, 51 (4): 943 - 9.

［48］ Simon M A. Promoting fundamental change in mathematics teaching: a theoretical, methodological, and empirical approach to the problem ［J］. ZDM, 2013, 45 (4): 573 - 582.

［49］ Singer J, Lotter C, Feller R, et al. Exploring a model of situated professional development: Impact on classroom practice ［J］. Journal of Science Teacher Education, 2011, 22 (3): 203 - 227.

［50］ Smart J C. Higher education: handbook of theory and research ［J］. Higher Education Handbook of Theory & Research, 2005, 19 (3): 141 - 179.

［51］ Soine K M, Lumpe A. Measuring characteristics of teacher professional development ［J］. Teacher Development, 2014, 18 (3): 303 - 333.

［52］ Sorcinelli M D. New and junior faculty stress: research and responses ［J］. New Directions for Teaching & Learning, 2006, 1992 (50): 27 - 37.

［53］ Tatto M T. The influence of teacher education on teachers' beliefs about purposes of education, roles, and practice ［J］. Journal of Teacher Education, 1998, 49 (1): 66 - 77.

［54］ Veenman S. Perceived problems of beginning teachers. ［J］. Review of Educational Research, 1984, 54 (2): 143 - 178.

[55] Weisner T S. The Urie Bronfenbrenner Top 19: Looking back at his bioecological perspective [J]. Mind, Culture, and Activity, 2008, 15 (3): 258 – 262.

[56] William Cummings. Judith M. Gappa, Ann E. Austin, Andrea G. Trice: rethinking faculty work: higher education's strategic imperative [J]. Higher Education, 2009, 58 (5): 725 – 726.

[57] Williams M, Burden R L. Psychology for language teachers: A social constructivist approach. [M]. Cambridge: Cambridge University Press, 1997.

[58] Williams L J, Hazer J T. Antecedents and consequences of satisfaction and commitment in turnover models. a reanalysis using latent variable structural equation methods [J]. Journal of Applied Psychology, 1986, 71 (2): 219 – 231.

附录 A 大学青年教师专业发展影响因素专家调查问卷

老师，您好。非常感谢您能接受我的调查！我们现在正在进行关于大学青年教师专业发展的研究课题，主要想了解青年教师的专业发展状况，这对于大学青年教师的发展以及学校对青年教师的管理都有十分重要的意义。本研究根据现有文献，提炼了影响大学青年教师专业发展的主要影响因素，想请您对本研究所提炼的影响因素的重要性进行评价。您的回答仅作研究之用，谢谢您！

下表用数字代表重要性等级，5 代表非常重要，4 代表重要，3 代表一般重要，2 代表不重要，1 代表非常不重要。

序号	影响因素	重要程度				
1	法律法规	5	4	3	2	1
2	教育投入					
3	社会发展					
4	教育体制改革					
5	教师社会地位					
6	尊师重教的社会氛围					
7	现代教育技术					
8	学校硬件条件					
9	整体氛围					
10	组织领导					
11	参与决策					
12	设立教师发展组织					
13	评聘制度					
14	晋升制度					
15	薪酬制度					
16	职业保障制度					
17	培训制度					
18	职业生涯规划					

续表

序号	影响因素	重要程度				
19	职业认同	5	4	3	2	1
20	教育理念					
21	专业知识水平					
22	人文、社会和自然知识					
23	职业道德					
24	身体健康					
25	精力充沛					
26	工作家庭冲突					
27	工作时间					
其他						

附录 B　大学青年教师专业发展深度访谈提纲——师资管理者和专家

访谈说明

老师，您好。非常感谢您能接受我的访谈！我们现在正在进行关于大学青年教师专业发展的研究课题，想了解青年教师的专业发展状况和影响因素，这对于大学青年教师的发展以及学校对青年教师的管理都有十分重要的意义。想请您谈谈您认为大学青年教师发展的状况如何，什么因素会影响大学青年教师的发展。

您所谈到的内容我们会严格保密，谈话记录仅供研究分析所用。为便于整理，请允许我使用录音工具。这里再一次保证录音记录也将严格保密，仅供研究之用。并且，如果有什么片段您认为不适合录音记录的，在谈话中您随时可以告诉我关掉录音设备。

这次访谈将占用您约 1 个小时，谢谢您的理解和支持！

访谈问题提示

一、学校的基本情况

二、被访谈者基本情况

姓名、性别、年龄、学历、职称、职务、从事学校教师管理工作或者师资队伍状况研究年限

三、关于青年教师的专业发展

1. 您觉得青年教师有哪些职业特点？

2. 您认为青年教师所处的职业阶段、所面临的职业发展阶段和中老年教师有何异同？

3. 您觉得青年教师专业发展总体状况如何？

4. 您认为青年教师专业发展存在哪些问题？

5. 存在这些问题的原因是什么？

6. 您认为国家层面、学校层面和个人层面都有哪些因素会影响青年教师的专业发展？（建议按照影响的重要程度来降序排序，如：整体社会环境、文化、

国家教育制度、现代教育技术发展、社会地位、学校管理制度、同事间关系、工作团队、发展组织、工作报酬、工作时间、职称晋升等)。

7. 您认为青年教师该如何处理教学、科研和服务社会的关系?

8. 您认为从社会层面、学校层面和个人层面应该如何促进青年教师的专业发展?

附录 C   大学青年教师专业发展深度访谈提纲——青年教师

访谈说明

老师，您好。非常感谢您能接受我的访谈！我们现在正在进行关于大学青年教师专业发展的研究课题，主要想了解青年教师的专业发展状况，这对于大学青年教师的发展以及学校对青年教师的管理都有十分重要的意义。本研究根据现有文献，提炼了影响大学青年教师专业发展的主要影响因素，想请您谈谈您认为大学青年教师专业发展的状况如何，对本研究所提炼的影响因素的认可度，及其对大学青年教师专业发展影响的作用的理解。

您所谈到的内容我们会严格保密，谈话记录仅供研究分析所用。为便于整理，请允许我使用录音工具，这样我可以省出时间来更好地听您谈话。这里再一次保证录音记录也将严格保密，仅供研究之用。并且，如果有什么片段您认为不适合录音记录的，在谈话中您随时可以告诉我关掉录音设备。

这次访谈将占用您约 30 分钟至 2 个小时，谢谢您的理解和支持！

访谈问题提示

一、个人基本情况

1. 姓名、性别、年龄、学历、婚姻状况；
2. 求学经历、所学专业、入职时间；
3. 职称、职务；
4. 所在学校的类型；
5. 所属专业和所授课程的类型；
6. 月收入；
7. 是否有社会兼职？

二、专业发展总体状况

1. 您是否喜欢大学教师这一职业？理由是什么？
2. 大学教师的职业是否能带给您满意感？
3. 您认为目前的专业发展总体状况如何？

4. 您的专业发展中存在哪些问题？（如整体社会环境、国家教育制度、职业地位、学校管理、同事间关系、工作团队、工作报酬、工作时间、职称晋升、学生和家长等）

三、专业发展影响因素

1. 社会层面：是否了解国家的教育政策和制度？教育工作者是否能够得到社会足够的尊重？社会经济发展是否对教育有促进作用？社会技术进步对职业有何影响？您认为这些影响因素对其自身发展的作用如何？

2. 学校层面：学校的整体氛围是否和谐宽松？学校是否有促进教师发展的专门机构？青年教师是否参加学校和学院的有关活动？是否了解学校的相关政策和制度？这些政策是否能够促进青年教师发展？学校是否有青年教师岗前培训？是否为青年教师配备了指导导师？学校是否为青年教师的发展提供了必要的软硬件资源？您认为这些影响因素对其自身发展的作用如何？

3. 个人层面：是否有确定了职业生涯规划？对教师的职业认同度如何？是否具有丰富的学科专业知识和人文知识？是否保持先进的教育理念？经济收入状况，人际关系、心理状况、健康状况、工作家庭关系、社会交往能力如何？您认为这些影响因素对自身发展的作用如何？

四、青年教师的发展

1. 如果有再次选择职业的机会，您还会选择教师这一职业吗？

2. 如果有机会，您是否会选择到其他学校工作？

附录 D 大学青年教师专业发展状况调查问卷

尊敬的老师：您好！

本问卷旨在研究大学青年教师发展的状况，调查结果仅作为学术研究之用。选择没有正确或不正确的答案，请您按照您的真实情况填写。感谢您的支持和帮助，谢谢！

1. 您对选择大学教师这一职业是否满意？（　　）

A. 很满意　　　　B. 满意　　　　C. 不确定　　　　D. 不满意

E. 很不满意

2. 总的来说，你对目前的专业发展状况是否满意？（　　）

A. 很满意　　　　B. 满意　　　　C. 不确定　　　　D. 不满意

E. 很不满意

3. 你是否想过离开现在工作的学校？（　　）

A. 是　　　　　　　　　　B. 否

4. 请您对以下三个层面对青年教师发展的影响程度按照重要程度由大到小依次排序。（　　）（排序题）

A. 高等教育政策法规、尊师重教的文化等社会环境

B. 学校氛围、管理制度等工作场所环境

C. 职业素养、职业生涯规划等个人因素

5. 高等教育投入影响青年教师的发展。（　　）

A. 非常同意　　　B. 同意　　　　C. 不确定　　　　D. 不同意

E. 很不同意

6. 社会消极因素阻碍青年教师的发展。（　　）

A. 非常同意　　　B. 同意　　　　C. 不确定　　　　D. 不同意

E. 很不同意

7. 我国深化高等教育体制改革促进青年教师的发展。（　　）

A. 非常同意　　　B. 同意　　　　C. 不确定　　　　D. 不同意

E. 很不同意

8.《教师法》《高等教育法》等法律法规的出台影响青年教师的发展。（　　）

A. 非常同意　　　　B. 同意　　　　　C. 不确定　　　　D. 不同意

E. 很不同意

9. 大学青年教师社会地位高。（　　　）

A. 非常同意　　　　B. 同意　　　　　C. 不确定　　　　D. 不同意

E. 很不同意

10. 社会对青年教师很尊重。（　　　）

A. 非常同意　　　　B. 同意　　　　　C. 不确定　　　　D. 不同意

E. 很不同意

11. 您是否利用了多媒体网络技术支持了教学工作和学生学习？（　　　）

A. 是　　　　　　　　　　　　B. 否

12. 学校设置了专门的青年教师教学、科研经费。（　　　）

A. 是　　　　　　　　　　　　B. 否

13. 青年教师有独立的办公室。（　　　）

A. 是　　　　　　　　　　　　B. 否

14. 学校的工作氛围宽松和谐。（　　　）

A. 非常符合　　　B. 很符合　　　　C. 符合　　　　　D. 不太符合

E. 很不符合

15. 学校、学院尽力为青年教师创造更大的发展平台和空间。（　　　）

A. 非常符合　　　B. 很符合　　　　C. 符合　　　　　D. 不太符合

E. 很不符合

16. 青年教师能够参与学校决策。（　　　）

A. 非常符合　　　B. 很符合　　　　C. 符合　　　　　D. 不太符合

E. 很不符合

17. 学校、学院营造同事间和谐相处的环境。（　　　）

A. 非常符合　　　B. 很符合　　　　C. 符合　　　　　D. 不太符合

E. 很不符合

18. 学校鼓励青年教师跨学科组建工作团队。（　　　）

A. 非常符合　　　B. 很符合　　　　C. 符合　　　　　D. 不太符合

E. 很不符合

19. 所在学校是否设置了教师发展中心（或类似机构，例如教师协会等)？

（　　　）

A. 是　　　　　　　　B. 否　　　　　　　C. 不清楚

20. 学校聘任制度相对公平公正。（　　）

A. 是　　　　　　　　　　　　　B. 否

21. 入校工作以来是否得到职务或职称晋升的机会。（　　）

A. 是　　　　　　　　　　　　　B. 否

22. 学校薪酬水平在同类高校中处于何种水平？（　　）

A. 平均水平　　　　　B. 偏高　　　　　C. 偏低

23. 学校是否为您足额缴纳了社保和公积金？（　　）

A. 是　　　　　　　B. 否　　　　　　C. 不清楚

24. 您在目前工作单位接受各类培训的次数。（　　）

A. 1 ~ 5 次　　　　　B. 5 ~ 10 次　　　　　C. 10 ~ 15 次　　　　　D. 15 次以上

25. 相比较而言，您所在高校的青年教师申请课题（包括国家级、省级、校级等）时（　　）。

A. 很容易　　　　　B. 较容易　　　　　C. 一般　　　　　D. 比较难

E. 非常难

26. 你所承担科研最高级别的课题是（　　）。

A. 国家级　　　　　B. 省、部级　　　　　C. 厅局级　　　　　D. 校级

E. 其他

27. 学校积极地为青年教师提供各类科研项目申报信息和机会。（　　）

A. 非常符合　　　　　B. 很符合　　　　　C. 符合　　　　　D. 不太符合

E. 很不符合

28. 您所在学校对待教学和科研的态度。（　　）

A. 教学、科研并重　　　　　　　B. 重教学　　　　　C. 重科研

29. 您是否根据自身实际情况进行了个人职业生涯规划？（　　）

A. 是　　　　　　　　　　　　　B. 否

30. 目前，您最需要提高的能力是（　　）（多选题）。

A. 教学能力　　　　　　　　　　B. 科研能力

C. 课程设计和组织能力　　　　　D. 创新能力

E. 人际关系能力　　　　　　　　F. 信息处理能力

G. 社会服务能力

31 目前，您投入教学和科研工作的时间情况。（　　）

A. 投入教学时间多于科研时间　　　　B. 投入科研时间多余教学时间

32. 你是否觉得自己的工作很有价值？（　　）

A. 是　　　　　　　　　　　B. 否

33. 您是否愿意接受先进的教育理念?（　　）

A. 是　　　　　　　　　　　B. 否

34. 如果让您给自己具有的专业知识打分的话,您给自己打几分?（　　）

A. 5 分　　　　　B. 4 分　　　　　C. 3 分　　　　　D. 2 分

E. 1 分

35. 如果让您给自己具有的人文、社会和自然科学知识打分的话,您给自己打几分?（　　）

A. 5 分　　　　　B. 4 分　　　　　C. 3 分　　　　　D. 2 分

E. 1 分

36. 您认为青年教师群体中的学术不端现象是否严重?（　　）

A. 是　　　　　　　　　　　B. 否

37. 您的身体是否健康?（　　）

A. 是　　　　　　　　　　　B. 否

38. 您工作中是否感到精力充沛?（　　）

A. 是　　　　　　　　　　　B. 否

39. 您是否会因为家庭原因放弃参加学术会议或学术交流的机会?（　　）

A. 是　　　　　　　　　　　B. 否

40. 承担家庭任务是否占用了您很多的时间?（　　）

A. 是　　　　　　　　　　　B. 否

41. 您提高自己专业水平的途径主要有哪些?（　　）（多选题）

A. 学术活动　　　　B. 从事科研　　　　C. 教学相长　　　　D. 访问学者

E. 学历教育　　　　F. 个人自修　　　　G. 出国考察进修

基本情况

1. 您的性别是（　　）。

（1）男　　　　　　　　　　（2）女

2. 您的年龄是（　　）。

（1）30 岁以下　　　　　　　（2）30 ~ 35 岁

（3）36 ~ 40 岁　　　　　　　（4）40 岁以上

3. 您的教龄是（　　）。

（1）3 年以下　　（2）3 ~ 5 年　　（3）6 ~ 8 年　　（4）8 年以上

4. 您的学历是（　　　）。

（1）博士研究生　　　（2）硕士研究生　　（3）大学本科　　　　（4）其他

5. 海外留学或海外工作经历情况是（　　　）。

（1）有　　　　　　　　　　　　　　（2）无

6. 您的职称是（　　　）。

（1）教授　　　　　（2）副教授　　　（3）讲师　　　　　（4）助教

（5）未定职级

7. 您的婚姻状况是（　　　）。

（1）已婚　　　　　（2）未婚　　　　（3）其他

8. 您所任职的学校是否被列为各种工程学校（　　　）。

（1）985 工程　　　（2）211 工程　　　（3）协同创新平台　　（4）未列入

9. 您的学科类别是（　　　）。

（1）哲学　　　　　　　　　　（2）文学（外语、艺术）

（3）历史学　　　　　　　　　（4）法学

（5）经济学　　　　　　　　　（6）管理学

（7）理学　　　　　　　　　　（8）工学

（9）农学（林学）　　　　　　（10）医学

（11）教育学　　　　　　　　　（12）军事学

10. 您担任的主要课程属于（　　　）。

（1）公共基础课程　　　　　　（2）专业基础课程

（3）专业课程　　　　　　　　（4）选修课程

（5）兼有

11. 您本学期的月收入（工资 + 津贴 + 课时费）情况是（　　　）。

（1）3 000 元及以下　　　　　（2）3 000 ~ 4 999 元

（3）5 000 ~ 6 999 元　　　　　（4）7 000 ~ 8 999 元

（5）9 000 元及以上

12. 您是否是双肩挑教师（　　　）？

（1）是　　　　　　　　　　　（2）否

附录 E 代表性访谈资料整理

1. C 高校概况

C 高校成立于 1956 年，为北京市属重点大学，拥有经济学、管理学、法学、文学、理学和工学等六大学科，是以经济学、管理学为重要特色和突出优势，各学科相互支撑、协调发展的现代化、多科性财经类大学。学校本科教育设 43 个专业，拥有应用经济学、管理科学与工程、工商管理、统计学等 4 个博士学位授权一级学科，应用经济学、统计学、工商管理、管理科学与工程等 4 个博士后科研流动站，10 个硕士学位授权一级学科，17 个专业硕士学位授权点。学校共设 21 个教学单位。2014 年，学校在籍学生 18 664 人，其中本科生 9 764 人，专科生 339 人，硕士研究生 2 613 人，博士研究生 293 人，留学生 582 人，各类成人教育学生 5 073 人。2014 年总体办学经费 14 9889 万元，教学科研仪器设备值 46 236 万元，图书 180.81 万册。

2. C 高校专任教师队伍情况

（1）专任教师总体情况：学校有专任教师 894 人，占教职工总数（1 474 人）的 60.65%。专任教师中获得博士学位的 488 人，占 54.59%；获得硕士学位的 312 人，占 34.90%；女性 526 人，占 58.84%；正教授等正高职专业技术人员 158 人，占 17.68%；副教授等副高职专业技术人员 302 人，占 33.78%。

（2）青年教师数：学校有 40 岁以下的青年教师 393 人，占专任教师总数的 43.96%。

（3）青年教师的年龄结构：29 岁及以下 87 人，占青年教师数的 22.14%；30~34 岁 178 人，占 45.29%；35~39 岁的 128 人，占 32.57%。

（4）青年教师的性别结构：男性 129 人，占 32.82%；女性 264 人，占 67.18%。

（5）青年教师的学历结构：具有博士学位的 268 人，占 68.19%；具有硕士学位的 111 人，占 28.24%。

（6）青年教师的职称结构：正教授职等正高职专业技术人员 3 人，占 0.76%；副教授等副高职专业技术人员 74 人，占 18.83%；讲师等中级专业技术人员 250 人，占 63.61%；其余职称 66 人，占 16.79%。

3. 对 C 高校师资管理者的访谈

C 高校的师资管理者和专家访谈的对象包括原校长、人事处处长、教务处处长、院系的院长等。本研究以对原校长的访谈为例,该校长除介绍学校总体情况外,对本校青年教师的专业发展状况说明如下。

(1)个人基本情况

姓名:某某;出生年月:1949 年;职务、职称:教授、博导,C 校原校长。

(2)主要观点

该校长认为青年教师专业发展的总体状况并不理想,主要是因为国家在资金、硬件、政策等方面的支持力度不够。虽然硬件条件逐年在改进,但是软环境改善不够,对青年教师发展的总体规律把握不好。社会培养学者需要宽松的科研环境,而实际上国家制定的政策确是在培养"工匠"。对海归和已有本土人才的关系处理得不好,不看实际对国家和社会贡献的大小,待遇区别太大。现有的关于青年教师的评价体系不完善,有太多踏实肯干的老师得不到重视和发展。

大学对青年教师在育人、科研方面给予厚望,而现实中青年教师的状态与期望之间存在较大的差距,大学实际上的人才培养质量难以满足国家社会发展的需要。青年教师在知识传授、影响学生的成长成才方面起到重要的塑造作用,然而该主体却没能完成相应的使命。原因之一是学校对青年教师的重视程度不够,学校重视学科带头人、教授等教师群体,而对青年教师的长远发展、梯队发展缺乏足够的重视。

在青年教师专业发展方面突出的问题是:社会没有给大学青年教师应有的尊重;青年教师职业生涯的自觉性不够;青年教师的外在压力大,社会和学校所引导的又不是青年教师发展所需要的;学校关于职称晋升、职业生涯设计等方面的制度不完善,学校的环境公平程度有待提高。青年教师的发展前提是学院和学校的环境,乃至整个社会的环境。

学校能有多大作为,如何更公平合理,管理者是否把青年教师的成长作为决策的重要依据,都是影响青年教师发展的重要因素。青年教师群体更需要学校的重视,然而事实上针对青年教师配置的资源反而更少。青年教师本身存在的缺陷,会成为影响教育发展的一个重要障碍。对青年教师发展影响较大的是学校,影响内在的是个人,国家对教师发展的影响是通过学校来实现的,学校的各项规章制度是青年教师个人必须服从的。影响青年教师专业发展的原因,包括制度问题、机制问题和文化问题。

4. 对 C 大学青年教师的访谈

（1）个人基本情况

姓名：某某；性别：男；年龄 34 岁；学历：博士研究生；婚姻状况：已婚

（2）入职时间

2005 年入职

（3）职称、职务

职称：副教授

无行政职务（认为行政职务会影响学术工作的开展）

（4）所从事专业和所授课程的类型

会计学的专业课教学

（5）月收入情况

学校固定收入：6 600 元

（6）是否有其他社会活动（讲课、报告、社会咨询等）

有，主要是到其他单位讲课

（7）专业发展总体状况

喜欢高校教师这一职业。社会上认为高校教师职业的时间自由，还享受寒暑假两个假期，很好。但是我个人喜欢这个职业主要是因为职业带给我的成就感，我觉得我的个性适合教师这个职业。

产生过职业倦怠。有时会觉得上课很烦，可能是因为班级的气氛沉闷，自然产生了倦怠感。希望上课的时候增强和学生的互动。会和同龄的其余工作岗位的人进行经济条件比较。对职称评聘不满意、对同事关系产生不满意等都会是产生倦怠的原因。

认为目前的专业发展总体状况是亚健康甚至是不太健康。最严重的问题就是职称评聘制度只看科研，轻视教学。认为在整体社会环境、国家教育制度、职业地位、学校管理、同事间关系、工作团队、工作报酬、工作时间、职称晋升、学生和家长等方面都存在不同程度的问题。

（8）专业发展影响因素

在社会层面，不了解国家针对教师专业发展制定的教育政策和制度，认为政策的宣传和执行力度存在较大的问题。认为教育工作者能够得到社会足够的尊重。社会经济发展对教育有促进作用，社会经济发展促使教育经费总量在增加。认为网络手段对于课堂的冲击是有限的，而且新技术的发展可以促进和提升教学效果。课堂是相互交流和相互沟通的地方，但是科技进步对课堂教学提出了更高的要求，也促进教师教学不断改进教学方法和手段。青年教师在新技术的掌握方面是有优势的，可以说这是一种正向的作用。

在学校层面，只了解学校关于教学和职称评聘的有关制度，认为学校的政策和制度有些能够促进青年教师发展，但是有些制度对青年教师的成长不利。认为学校的领导班子很重要，可以说一个优秀的校长可以带好一所大学。认为学校的文化对青年教师专业发展的影响大，多元文化比较包容，地域性太强的文化缺乏包容精神。认为同事间关系对青年教师专业发展的影响很重要，关系到青年教师是否有一个很好的研究团队。认为学校缺乏专门针对青年教师的活动。对于个人的利益诉求，规则制度有，但是路径不畅通。学校有青年教师岗前培训，但是入职后的培训缺乏系统化。学校为青年教师配备了指导导师，但是落实得不好。

在个人层面，认为经济收入状况对青年教师专业发展的影响很重要，因为青年教师承担的家庭压力都较大。认为人际关系对青年教师专业发展具有一定的影响，但是人际关系和社会交往能力的影响通常是隐性的。认为心理状况和健康状况都对青年教师专业发展有很大影响。能否处理好工作和家庭的关系也很重要，因为确实面临着很多的工作家庭关系的冲突。

如果有再次选择职业的机会，还会选择教师这一职业。因为虽然目前看职业发展存在的问题还比较多，但是我还是喜欢讲台，喜欢给学生上课。但是如果有机会，我会选择到其他学校工作。

附录 F　离职倾向与影响因素模型指标的相关系数

		3. 离职倾向	8. 法律法规	9. 教师社会地位	10. 尊师重教的社会氛围	12. 设立专项经费	14. 整体氛围	15. 发展平台和空间	16. 参与决策	17. 组织领导	18. 跨学科团队	20. 评聘制度	21. 晋升制度	22. 薪酬制度	29. 职业生涯规划	32. 职业认同	34. 专业知识	38. 精力充沛
3. 离职倾向	Pearson 相关性	1	.075*	.278**	.244**	.098**	.296**	.322**	.220**	.268**	.222**	.274**	.024	.229**	.093*	.336**	.033	.240**
	显著性（双侧）		.041	.000	.000	.007	.000	.000	.000	.000	.000	.000	.520	.000	.011	.000	.360	.000
8. 法律法规	Pearson 相关性	.075*	1	.106**	.136**	.059	.170**	.164**	.165**	.113**	.138**	.099**	.061	.083*	.060	.101**	-.003	.051
	显著性（双侧）	.041		.004	.000	.104	.000	.000	.000	.002	.000	.007	.095	.022	.102	.006	.936	.166
9. 教师社会地位	Pearson 相关性	.278**	.106**	1	.689**	.138**	.387**	.395**	.437**	.345**	.339**	.291**	.093*	.234**	.127**	.291**	.086*	.276**
	显著性（双侧）	.000	.004		.000	.000	.000	.000	.000	.000	.000	.000	.011	.000	.000	.000	.018	.000
10. 尊师重教的社会氛围	Pearson 相关性	.244**	.136**	.689**	1	.184**	.411**	.392**	.428**	.384**	.368**	.234**	.014	.222**	.126**	.292**	.093*	.303**
	显著性（双侧）	.000	.000	.000		.000	.000	.000	.000	.000	.000	.000	.702	.000	.001	.000	.011	.000

续表

		3. 离职倾向	8. 法律法规	9. 教师社会地位	10. 尊师重教的社会氛围	12. 设立专项经费	14. 整体氛围	15. 发展平台和空间	16. 参与决策	17. 组织领导	18. 跨学科团队	20. 评聘制度	21. 晋升制度	22. 薪酬制度	29. 职业生涯规划	32. 职业认同	34. 专业知识	38. 精力充沛
12. 设立专项经费	Pearson 相关性	.098**	.059	.138**	.184**	1	.232**	.277**	.222**	.226**	.285**	.242**	.074*	.130**	.109**	.219**	.034	.052
	显著性（双侧）	.007	.104	.000	.000	.000	.000	.000	.000	.000	.000	.000	.042	.000	.003	.000	.359	.157
14. 整体氛围	Pearson 相关性	.296**	.170**	.387**	.411**	.232**	1	.663**	.584**	.620**	.499**	.361**	.083*	.350**	.178**	.343**	.149**	.290**
	显著性（双侧）	.000	.000	.000	.000	.000		.000	.000	.000	.000	.000	.000	.022	.000	.000	.000	.000
15. 发展平台和空间	Pearson 相关性	.322**	.164**	.395**	.392**	.277**	.663**	1	.611**	.634**	.587**	.421**	.137**	.326**	.165**	.348**	.127**	.242**
	显著性（双侧）	.000	.000	.000	.000	.000	.000		.000	.000	.000	.000	.000	.000	.000	.000	.000	.000
16. 参与决策	Pearson 相关性	.220**	.165**	.437**	.428**	.222**	.584**	.611**	1	.524**	.537**	.333**	.128**	.300**	.127**	.283**	.170**	.261**
	显著性（双侧）	.000	.000	.000	.000	.000	.000	.000		.000	.000	.000	.000	.000	.001	.000	.000	.000
17. 组织领导	Pearson 相关性	.268**	.113**	.345**	.384**	.226**	.620**	.634**	.524**	1	.542**	.379**	.044	.269**	.168**	.321**	.146**	.223**
	显著性（双侧）	.000	.002	.000	.000	.000	.000	.000	.000		.000	.000	.224	.000	.000	.000	.000	.000

续表

		3.离职倾向	8.法律法规	9.教师社会地位	10.尊师重教的社会氛围	12.设立专项经费	14.整体氛围	15.发展平台和空间	16.参与决策	17.组织领导	18.跨学科团队	20.评聘制度	21.晋升制度	22.薪酬制度	29.职业生涯规划	32.职业认同	34.专业知识	38.精力充沛
18.跨学科团队	Pearson相关性	.222**	.138**	.339**	.368**	.285**	.499**	.587**	.537**	.542**	1	.279**	.102*	.231**	.167**	.303**	.160**	.214**
	显著性（双侧）	.000	.000	.000	.000	.000	.000	.000	.000	.000		.000	.005	.000	.000	.000	.000	.000
20.评聘制度	Pearson相关性	.274**	.099**	.291**	.234**	.242**	.361**	.421**	.333**	.379**	.279**	1	.206**	.232**	.133**	.247**	.098*	.151**
	显著性（双侧）	.000	.007	.000	.000	.000	.000	.000	.000	.000	.000		.000	.000	.000	.000	.007	.000
21.晋升制度	Pearson相关性	.024	.061	.093*	.014	.074*	.083*	.137**	.128**	.044	.102*	.206**	1	.070	.066	.060	.014	.027
	显著性（双侧）	.520	.095	.011	.702	.042	.022	.000	.000	.224	.005	.000		.054	.071	.102	.697	.465
22.薪酬制度	Pearson相关性	.229**	.083*	.234**	.222**	.130**	.350**	.326**	.300**	.269**	.231**	.232**	.070	1	.094*	.184**	.122**	.171**
	显著性（双侧）	.000	.022	.000	.000	.000	.000	.000	.000	.000	.000	.000	.070		.010	.000	.001	.000
29.职业生涯规划	Pearson相关性	.093*	.060	.127**	.126**	.109**	.178**	.165**	.127**	.168**	.167**	.133**	.066	.094*	1	.217**	.139**	.075*
	显著性（双侧）	.011	.102	.000	.001	.003	.000	.000	.001	.000	.000	.000	.071	.010		.000	.000	.040

续表

		3. 离职倾向	8. 法律法规	9. 教师社会地位	10. 尊重教师的社会氛围	12. 设立专项经费	14. 整体氛围	15. 发展平台和空间	16. 参与决策	17. 组织领导	18. 跨学科团队	20. 评聘制度	21. 晋升制度	22. 薪酬制度	29. 职业生涯规划	32. 职业认同	34. 专业知识	38. 精力充沛
32. 职业认同	Pearson 相关性	.336**	.101**	.291**	.292**	.219**	.343**	.348**	.283**	.321**	.303**	.247**	.060	.184**	.217**	1	.165**	.348**
	显著性（双侧）	.000	.006	.000	.000	.000	.000	.000	.000	.000	.000	.000	.102	.000	.000		.000	.000
34. 专业知识	Pearson 相关性	.033	−.003	.086*	.093*	.034	.149**	.127**	.170**	.146**	.160**	.098**	.014	.122**	.139**	.165**	1	.139**
	显著性（双侧）	.360	.936	.018	.011	.359	.000	.000	.000	.000	.000	.007	.697	.001	.000	.000		.000
38. 精力充沛	Pearson 相关性	.240**	.051	.276**	.303**	.052	.290**	.242**	.261**	.223**	.214**	.151**	.027	.171**	.075	.348**	.139**	1
	显著性（双侧）	.000	.166	.000	.000	.157	.000	.000	.000	.000	.000	.000	.465	.000	.040	.000	.000	

* 在 0.05 水平（双侧）上显著相关。

** 在 .01 水平（双侧）上显著相关。

后　记

本书是在我博士论文的基础上修订而成的，从博士论文的写作到本书的出版，得到了众多领导、师长、同事和朋友们的关心和帮助，在此，表示衷心的感谢！

感谢我的博士生导师文魁教授。导师渊博的学识、开阔的学术视野、严谨的治学态度时时激励和鞭策着我。在本研究的选题、逻辑框架的建构和研究论文的写作过程中，文教授都给予了我太多的指导和帮助。文教授提出"释放教师职业潜能、滋养学生创新潜质"是大学的本质功能，对大学青年教师的从业生态也给予了特别的关注。

感谢杨河清教授对我完成学位论文的督促、指导和帮助。感谢吴冬梅教授在论文写作过程中的悉心指导。感谢劳动经济学院冯喜良教授、童玉芬教授、纪韶教授、朱俊生教授、吕学静教授和所有指导、帮助过我学习和论文写作的各位老师！

感谢我工作单位的领导和同事们对我完成论文写作的支持和帮助。党委副书记徐芳教授、副校长孙昊哲教授对我的论文写作给予了很多的关心。我的同事、京内外高校的同行们，在论文的写作和调研中也给予了我大力的支持。

感谢江华博士后、霍晨博士、韩跃博士、孟旭铎博士、崔艳博士，在和你们的交流中，我得到了太多的勉励和启发。感谢詹静副教授、李晓曼博士、李楠博士和2010级博士班的同学们，愿友谊长存。

感谢黄少卿老师、耿硕老师、矫雨驰同学、孟雨辰同学在我论文的写作和数据处理中给予的鼎力帮助。更感谢参与了调研却不曾相识的"青椒"们，在百忙中填写调查问卷，为我的研究提供了详实的数据支持。

在本书的写作过程中，借鉴了国内外学者的大量文献和资料，在此，向给予我思想启迪的专家学者们表示由衷的感谢！在本书即将付梓之际，更感觉自身学识浅薄，认识到自身的研究还存在着太多的缺陷，也恳请读者们对本书存在的缺陷和疏漏给予指正。

最后，感谢我的家人，对我学习、工作给予的支持和理解。特别感谢我的儿子田尚平，在论文的写作过程中，缺失了太多对他成长的陪伴，却常常得到他的激励和鼓舞。

徐彦红
2018 年 2 月于北京